玩转微商

手把手教你开赚钱微店

崔恒华 陈石送◎编著

電子工業出版社
Publishing House of Electronics Industry
北京•BEIJING

内 容 简 介

自 2014 年开始，微商成为一个十分热门的关键词，随着就业难的问题，微商由于较低的准入门槛，受到了很多大学生，家庭主妇以及宝妈的追捧。十年前，你错过了阿里巴巴；五年前，你错过了淘宝；今天，你不能再错过微店！

本书从时下最热门的“微商”讲起，结合实际的案例，对如何加入微商，如何开微店，如何进行微店的管理和营销等进行了全面的讲解，使他们了解开微店的必要知识。本书主要内容包括什么是微商、在哪里开微店、寻找微店的货源、微商模式创业、处理好商品照片、微店注册登录及基本设置、微店添加发布商品、订单管理及售后、在微店平台推广、阿里也做微商，淘宝“小铺”开店、利用微信获取粉丝及其他推广微店产品的方法。

本书结构清晰，案例丰富，实战性强，适合微店卖家、网店卖家、在职白领、大学生、工薪阶层、家庭主妇、互联网与移动互联网营销的从业者，以及对微店与移动互联网营销感兴趣的人士。

图书在版编目（CIP）数据

玩转微商：手把手教你开赚钱微店 / 崔恒华，陈石送编著. —北京：电子工业出版社，2016.2
ISBN 978-7-121-28008-5

Ⅰ. ①玩… Ⅱ. ①崔… ②陈… Ⅲ. ①网络营销 Ⅳ. ①F713.36

中国版本图书馆 CIP 数据核字(2015)第 321376 号

策划编辑：林瑞和
责任编辑：徐津平
印　　刷：三河市双峰印刷装订有限公司
装　　订：三河市双峰印刷装订有限公司
出版发行：电子工业出版社
　　　　　北京市海淀区万寿路 173 信箱　邮编：100036
开　　本：787×980　1/16　印张：11.75　字数：259.3 千字
版　　次：2016 年 2 月第 1 版
印　　次：2016 年 2 月第 1 次印刷
定　　价：49.00 元

凡所购买电子工业出版社图书有缺损问题，请向购买书店调换。若书店售缺，请与本社发行部联系，联系及邮购电话：（010）88254888。

质量投诉请发邮件至 zlts@phei.com.cn，盗版侵权举报请发邮件至 dbqq@phei.com.cn。

服务热线：（010）88258888。

前　言

移动互联网的飞速发展，使得移动电商“钱”途无量，尤其是依托于智能移动端的微商，无疑会在未来的电商领域大放异彩。迅速崛起的微商，正改变目前的电子商务版图。微商正慢慢的进入我们日常的生活，也许你每天都可以在朋友圈看到自己的朋友在转发各种化妆品、服装鞋帽的图片，殊不知，这些人靠发图片，每天的纯收入就可以几百元，甚至上千元。在你不屑和充满怀疑的眼神中，人家已经挣了大把大把的钱。也许 15 年前你错过了阿里巴巴，10 年前你错过了淘宝，现在不要再次错过微商，把握好足以改变你人生命运的机会。

本书内容

对于想要转型微商的网店店主，或者刚接触微商的个人开店者，微店创业的关键问题摆在他们面前：如何入驻微店？如何装修店铺？如何管理商品？如何营销推广？如何解决这些难题呢？本书将一一为您解答。

本书主要内容包括什么是微商、在哪里开微店、寻找微店的货源、微商模式创业、处理好商品照片、微店注册登录及基本设置、微店添加发布商品、订单管理及售后、在微店平台推广、阿里也做微商，淘宝“小铺”开店、利用微信获取粉丝、其他推广微店产品的方法。

本书特色

本书与市面上其他微店图书不同之处在于，本书中所总结出的微店运营技巧和知识体系，都来自于作者亲身的微店运营成功经历，能够给读者带来更直接的帮助，可以称得上是最实用的微店图书。本书主要特点如下：

◆ 内容全面。本书全面讲述了店铺运营所有阶段的常用策略，从店铺装修到发布，从微店进货到微店营销，微店核心问题无所不包。

- 图解操作。本书以详细、直观的步骤讲解相关操作，使读者轻松上手，一举反三。读者只需要根据这些操作步骤一步一步的完成，这样完全可以开设自己的店铺。
- 实用。本书作者具有多年的微店的经验，将开店过程中的经验和技巧总结了出来，涵盖了开微店过程中遇到的许多细节问题。

适合读者

本书结构清晰，案例丰富，实战性强，适合微店卖家、网店卖家、在职白领、大学生、工薪阶层、家庭主妇、互联网与移动互联网营销的从业者，以及对微店与移动互联网营销感兴趣的人士。

本书的编者中既有多年开店经验的微店店主，又有网络营销老师，本书参加编写的有郭海旺、孙东云、邓静静、张连元、孙素华、徐洪峰、王冬霞、刘桂香、陈石送、马武帮、葛俊科、葛俊彬、孙起云、吕志彬、崔恒华等。由于作者水平有限，加之创作时间仓促，本书存在不足之处在所难免，欢迎广大读者批评指正。

目录

第 1 章 微店入门......1

1.1 什么是微商......1

1.1.1 传统电商大势已去......2

1.1.2 移动电商开启新商机......3

1.1.3 微商卖什么最赚钱......4

1.1.4 微商创业前的准备工作......6

1.2 为什么开微店......6

1.2.1 什么是微店......6

1.2.2 微店的特色......7

1.2.3 微店中的品牌定位......8

1.3 在哪里开微店......9

1.3.1 有赞微商城......9

1.3.2 口袋购物微店网......9

1.3.3 微盟旺铺......10

1.3.4 中兴微品会......11

1.3.5 微小店......11

1.3.6 京东微店......12

1.4 从哪里寻找微店的货源......13

1.4.1 批发市场进货渠道......13

1.4.2 厂家第一手货源......14

1.4.3 批发网站......15

1.4.4 地方特产和民间工艺品......17

1.4.5 外贸尾单货......18

1.4.6 海内外代购......18

1.4.7 手工 DIY 商品......19

1.4.8 网上代销产品......20

1.4.9 积压库存商品......21

1.5 进货技巧......22

第 2 章 微商模式创业......24

2.1 微商创业应具备的素质......24

2.1.1 积极向上的创业心态......25

2.1.2 超强的服务意识......27

2.1.3 不断地学习能力......28

2.2 微商销售模式......29

2.2.1 微信朋友圈卖货的模式......30

2.2.2 微信公众号卖货的模式......30

2.2.3 手机 APP 商城卖货的模式......31

2.2.4 自媒体卖货的模式......32

2.2.5 手机微店卖货的模式......32

2.2.6 微商O2O模式 33
2.2.7 微商的微视频卖货模式 34

2.3 微商创业的误区 35

2.3.1 目标不明确，盲目选择产品 35
2.3.2 运营成本低，没有门槛 35
2.3.3 急于求成 36
2.3.4 要么不更新，一更新就刷屏 36
2.3.5 不顾及客户的感受 36

第3章 处理好商品照片 37

3.1 简单的照片处理 37

3.1.1 调整拍歪的照片 37
3.1.2 缩小图片 39
3.1.3 自由裁剪照片 40
3.1.4 调整图片的大小 40

3.2 调整照片效果 41

3.2.1 调整曝光不足的照片 42
3.2.2 调整曝光过度的照片 42
3.2.3 调整模糊的照片 43
3.4.4 调整对比度突出照片主题 45

3.3 为照片添加水印和边框 47

3.3.1 为照片添加水印防止他人盗用 47
3.3.2 为照片添加相框提高商品档次 48

3.4 照片特殊效果处理技法 49

3.4.1 把照片中的产品抠出来 49
3.4.2 快速更换图片的背景 51
3.4.3 给商品图片加圆角 52
3.4.4 制作闪闪发亮的商品图片 54

3.5 一次性处理大量产品图片 57

第4章 微店注册、登录及基本设置 60

4.1 下载并安装微店 60

4.2 注册自己的微店 62

4.3 登录并查看微店 64

4.3.1 登录微店 64
4.3.2 微店的功能模块 65

4.4 微店基本设置 72

第5章 微店添加发布商品 74

5.1 商品优化 74

5.2 如何添加商品 76

5.2.1 商品图片 76
5.2.2 商品描述 77
5.2.3 商品价格 78
5.2.4 商品库存 79
5.2.5 商品型号 80
5.2.6 对商品进行分类 81
5.2.7 删除商品 81

5.3 使用店长推荐展示商品 83

5.4 网页版微店 84

第6章 订单管理及售后 86

6.1 查看未付款订单并与买家进行沟通 86

6.2 查看待处理订单并为买家发货 88

6.3 查看已完成订单并查询快递 90

6.4 查看已关闭订单并与买家沟通 91

6.5 登录微店网页版一键导出订单 92

第 7 章 在微店平台推广......94

7.1 微店推广前注意事项......94

7.1.1 淡定的心态是前提......94

7.1.2 吸引更多人关注，培养潜在顾客......95

7.1.3 树立微店的整体形象......95

7.1.4 服务买家才能长期有效推广......95

7.2 在微店平台推广......95

7.2.1 限时折扣......96

7.2.2 私密优惠......98

7.2.3 友情店铺......99

7.2.4 分成推广......100

7.2.5 口袋直通车......102

7.2.6 入驻市场......103

7.3 策划微店活动，吸引粉丝和订单......104

7.4 SEO 优化商品搜索排名......106

7.5 如何让微店热卖优先推广你的店铺......107

7.6 让客户成为代理商......108

第 8 章 阿里也做微商，淘宝“小铺”开店......110

8.1 淘宝小铺产品介绍......110

8.2 店铺名片设置......111

8.3 小铺店铺号推广技巧......113

8.4 小铺发微淘广播......114

8.5 淘宝小铺引流方法......117

8.6 无线店铺引流利器——店铺宝箱......120

第 9 章 利用微信获取粉丝......123

9.1 微信内容......123

9.1.1 微信号取名技巧......124

9.1.2 微信签名......124

9.1.3 微信头像......126

9.1.4 丰富内容吸引粉丝......127

9.2 微信最好的发送时间......128

9.3 微信增加粉丝秘笈......129

9.3.1 QQ 批量导入......129

9.3.2 手机号码导入......132

9.3.3 微信合作互推......133

9.3.4 O2O 活动......134

9.3.5 开放平台......136

9.3.6 位置签名......138

9.3.7 二维码......140

9.3.8 社交分享式的朋友圈......141

9.3.9 品牌活动式的漂流瓶......144

9.4 微信留住粉丝的技巧......146

9.4.1 好的内容留住粉丝......146

9.4.2 好的营销活动吸引粉丝参与......147

9.4.3 为粉丝服务黏住粉丝......149

9.4.4 产品折扣优惠吸引粉丝......149

第 10 章 其他推广微店产品的方法......151

10.1 通过 QQ 推广......151

10.1.1 通过 QQ 签名推广......151

10.1.2 QQ 空间推广......153

10.1.3 QQ 群推广......154

10.1.4 QQ 文章分享......155

10.2 写出优秀的博文成为博客精英......155

10.2.1 做好定位......156

10.2.2 建立博客......156

10.2.3 引人入胜的标题......157

10.2.4 丰富的文章内容......158

10.2.5 撰写博文的技巧 161
10.3 精心打造你的微博 162
10.3.1 利用微博做个微店促销海报 162
10.3.2 必须明确主题定位及内容定位 164
10.3.3 微博的头像要有特点 165
10.3.4 给自己的微博取个好名字 166
10.4 邮件推广，也能让你流量上万 167
10.4.1 电子邮件推广 167
10.4.2 让客户一定回复你的邮件技巧.....168
10.4.3 邮件推广营销的营销诀窍 168
10.5 玩转百度，轻松增加微店浏览量 170
10.6 在分类信息网站推广 171
10.7 登录导航网站 172
10.8 投放网络广告，带来可观的流量 173
10.9 采用传统方式推广 173

第1章

微店入门

开店指导

最近一段时间微商越来越火，从QQ空间到朋友圈甚至各个电商相关的网站论坛都存在着他们的身影。不可否认，有些微商做的顺心顺手，盆满钵盈。这确实也诱惑了很多人。但殊不知这些人其实早在线下就积累了大量人脉资源与客户群体，做微商自然手到钱来。

1.1 什么是微商

微商从字面上大多数人认为这是在微信上销售商品。不仅仅是微信，“微”其实是一种互联网工具，“商”是指的一种商业行为。微商最大的魅力在于，一部手机就可以完成交易，手机在哪里，你的店铺就在哪里，接单、收款、发货一个手机就能搞定。

1.1.1 传统电商大势已去

移动互联网还未兴起之前，我们讨论最多的营销话题是传统电商。最近一些朋友谈及自己的电商之路，他们提到更多的是辛酸，而不是满载而归的喜悦。大家都知道，做电商，无非就两条路可走。

1. 自建商城

第一搭建自己的电商平台，即自建商城，这种做法的成功几率很低。因为，对于一个新的购物平台，没有品牌知名度和影响力，消费者是很难到上面进行购物的。没有大量资本的介入的话自建商城平台是很难成功的。如图 1-1 所示自建商城开店。

图 1-1　自建商城开店

2. 进驻第三方平台

在第三方平台开店是我们最常见的，比如在淘宝开店，或者去开一家天猫店（现在天猫的门槛很高了，不是大牌一般都很难通过审核了），资金允许的话，可以在京东、苏宁易购、一号店等这些平台上都开一个店。每个平台都需要有运营的团队，一般要配 2-3 个人来运营一个平台。如图 1-2 所示为进驻第三方平台天猫开店。

图 1-2　第三方平台天猫开店

前几年在淘宝开店还要有流量，就会有成交，而且转化率也很高。可是最近两年，流量难求，靠自然优化关键词排名所得的流量是极其有限的，因此，需要卖家砸钱打广告，花钱去购买流量，使得很多试水电商的传统企业望而却步，传统电商的大势已去。

1.1.2　移动电商开启新商机

随着智能手机的发展，今天移动互联网连接的是活生生的人。在社交、本地、移动和个性化的时代，智能手机消费群已经崛起，正在掀起第三次零售革命，把全球消费者跨越时间和空间连接起来，所有的商业都将运行在这个操作系统上，运行在移动智能终端上。

基于 PC 互联网的电子商务 1.0 时代，造就了亚马逊和阿里巴巴等杰出的电子商务平台型公司。移动互联网的普及也让网络购物体现出新的面貌，带来新的增量。

截至 2014 年 12 月，我国网民规模达 6.49 亿人，互联网普及率为 47.9%．较 2013 年年底提升 2.1%，手机网民规模达 5.57 亿人，较 2013 年年底增加 5672 万人。网民中使用手机上网的人群占比由 2013 年的 81.0%提升至 85.8%。手机网民规模保持稳定增长，高于其他上网设备的使用比例，这意味着手机依然是中国网民增长的主要驱动力。

根据统计数据发现，2013 年美国移动端的电子商务交易额达 388.4 亿美元，比 2012 年的 248.1 亿美元增长 56.5%，预计到 2017 年移动商务交易额将高达 1085.6 亿美元，如图 1-3 所示。

图 1-3　美国移动电子商务交易额

不仅是平台，商家、第三方服务商等整个电商行业都在加速转向移动互联网行业。在移动互联网时代，电商是最早一批尝试将流量变现的行业之一，微信首先开放接口，开启微信开店模式，随后推出自己的微信小店，刚刚完成上市的京东进驻微信，拍拍网紧接着推出微店平台。

1.1.3　微商卖什么最赚钱

淘宝用了 10 年的时间，才发展了不到 1000 万个卖家，微商仅仅用了一年，就有了超过 1000 万的卖家，且不说在朋友圈卖货的人，仅仅是在口袋微店数量就已经超过了 1200 万，商品总额超过了 11 亿元，同时微信用户早已经超过 6 亿人，开通微信支付的也超过 8000 万。

那么做微商销售什么产品最赚钱？哪些产品在是热卖的？

1．受欢迎的“圈子产品”

受欢迎的圈子产品就是指在微信朋友圈里流行的时尚产品，这类型的产品不需要大众化的，但是必须是在微信朋友圈里面很受欢迎的。如图 1-4 所示在朋友圈很受欢迎的海外代购的美食产品。

图 1-4 受欢迎的海外代购的美食产品

2. 大众化产品

所谓的大众化产品相信大家都可以理解，简单一点来说，就是广泛，大家都需要的产品，如鞋帽、服装、化妆品、食品等，这些产品都跟我们的日常生活息息相关的。如图 1-5 所示服装就是大众化产品。在朋友圈做营销发广告可以引起别人对你的关注，卖这些产品做微信营销时，需要注意的是，广告不可以太过生硬，而且也不可以发太多，否则会引起好友的反感。

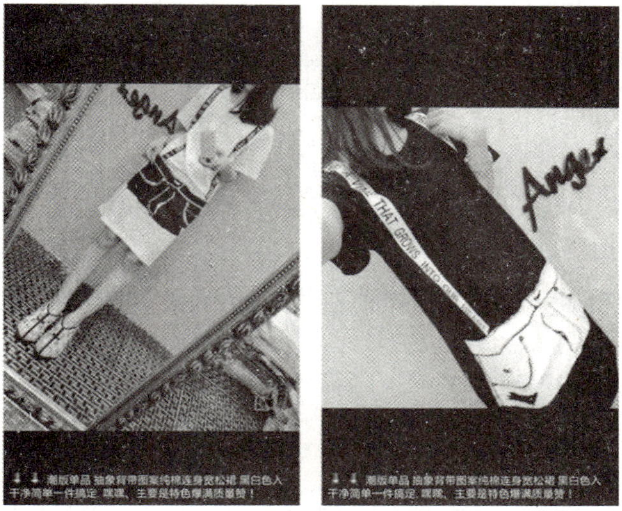

图 1-5 服装就是大众化产品

1.1.4 微商创业前的准备工作

微商非常火爆，怎样才能做好微商？下面介绍微商创业前的准备工作。

1. 关于商品的选择

首先要注意的就是产品的质量问题。一旦产品不合格，微商也会逐渐失去客户。

除了产品质量要过关，不要做太多种类的商品，毕竟，种类太多容易给人不专业，杂乱的感觉。产品过于繁杂容易给客户带来“不靠谱”的印象，而且卖家精力有限，通常很难掌握诸多产品的功能、特性等。

2. 消费群体的确定

以卖化妆品来说，对于一般的工薪阶层，月薪也就三四千，要让她们拿出工资的一半甚至更多的钱买化妆品，显然是不大可能的。要注意消费群体的选择，这样才能更好的推广自己的商品。

3. 选择优质的供货商

一个优质的供货商不但能帮助微商快速赚钱，更重要的是，还可以为微商提供学习销售经验的机会。大家在选择品牌商时，不妨选择这样有诚意的品牌商，因此对方不仅会给你带来优质的服务，往往还能为你节省不少时间和资金投入。

1.2 为什么开微店

互联网经济风靡时下，网络创业成就了无数新贵，微店成为不可或缺的移动互联平台，是电子商务的未来发展趋势，其信息扩散，销售推广力度不可小觑。

1.2.1 什么是微店

随着时代的变迁，移动互联网时代蓬勃发展。各种微店犹如雨后春笋一般蓬勃发展。这是一种新时代的商机，但是微店是什么？

微店就是基于微信平台的电子商务，类似于淘宝开店，是手机端的电子商务平台。它方便简洁更实用，区别于传统的 PC 平台的电子商务。只需用手指轻轻一点，消费者就可以随时随地关注你的商品动态，商家更可以在第一时间与顾客进行心贴心的沟通，了解他们的需求。如图 1-6 所示微店。

众所周知，由于这几年电子商务的飞速发展，在淘宝开店的成本越来越高，竞争越发激烈，赢利空间日益收窄，普通人进入电子商务的创业机会越来越少。微店是电子商务创业的新模式，微店无处不在，玩在手心，改变传统营销模式，人人都是老板、人人都是消费者。微店是零成本开设的小型网店，没有资金的压力，没有库存的风险，没有物流的烦恼，只需利用碎片时间和个人社交圈就可进行营销推广。

图 1-6　微店

1.2.2　微店的特色

移动互联网飞速发展，而微店正以更加强大的优势将众多的创业者吸引到自己的面前。微店的出现也在一定程度上对传统网店的地位构成了威胁。

1．无需额外费用

微店是真正的免费店铺，不需要收取任何的注册费用、开店费用。用户在微店购买产品后，如果效果不错，会在朋友圈宣传，通过这种口碑传播的方式推广店铺。

2．简单易学

只要一提到“开店”，很多人觉得开一家店铺是一件很烦琐的事情。其实开一家“微店”非常简单，即使毫无经验微店店主，也可以轻松开店，享受赚钱的乐趣。

3．不再依赖“狭窄”的入口

微商是去中心化的，它不需要入口，只要生成一个店铺，这个店铺就可以在手机上的各种平台展示，不需要被绑定在一个平台上。

微商的新客可以从不同的渠道带来，这些用户也会成为你的粉丝，随着粉丝的口碑营销和裂变传播，你会有更多的新客。

4．无需高昂的广告费

可以刷朋友圈、微博等各种社交媒体，更重要的是，这些流量带来的顾客就是你自己的，你走到哪，这些人就带到哪，后期你就无需再不断投入。

5．不用大量囤货

不用大量囤货，没有库存风险、无资金压力。

6．科学的分销

微商的分销系统更科学。用户在分销库选择商品，将这些商品一键选择放在自己的店铺里代销，一键就能分享到朋友圈中，或者推广其他社交媒体上，销售完成后直接获取佣金返利，发货和售后都由上游供应商解决。

7．盈利渠道多

和传统店铺的单一盈利模式不同，微店目前具有多种盈利渠道。

（1）卖别人的产品，赚佣金，设置一定的佣金比例并从中盈利。

（2）发展自己的分销商，拿取一定的推广佣金，分销商越多，你赚的钱也越多。

微店独特的电商模式再次创造了电商奇迹。

1.2.3 微店中的品牌定位

刚开始创立微店品牌的时候，商家需要根据产品的特点给品牌做一个定位，定位的主体就是消费者。在这里，大家必须学会寻找目标消费者。一般来说，根据消费层次、消费习惯、年龄、偏好等因素不同，消费者会分成许多不同的类型，大家在定位品牌时应分别从主、客观条件出发，根据市场变化、不同消费者的不同需求，找准市场空缺，从而明确品牌定位。例如，可以根据年龄给受众做一个划分，将不同的品牌定位给20~25岁的女性、30~35岁的男士等不同消费群体。

需要注意的是，消费者的需求并不是一成不变的。因此，在定位品牌时，必须弄清顾客的心理需求，这是品牌定位的关键因素，那么，我们怎么才能做到这一点呢，一个行之有效的方法就是，满足消费者的切实需求，为其创造显而易见的利益。所以要想继续发展下去，品牌就要努力塑造差异性，用独树一帜的特点来吸引消费者的关注。

1.3　在哪里开微店

目前电商最火的词就是“微店”了，目前市场上的微店平台鱼龙混杂，很多朋友不知道这些微店有什么区别，也不知道自己要选择在哪个平台开店，下面就介绍常见的微店平台。

1.3.1　有赞微商城

微电商在市场运营策略上，不再以平台为中心，而是通过微博、微信这样的沟通渠道，直接联系到客户，从而带来销量。微电商更加重视买家之间的口碑相传，在买家的社交圈子上，形成广泛的二次传播，吸引更多的客户。

有赞是一套强大的微店铺系统，为商家提供了完整的微电商解决方案。使用有赞，可以快速、低成本的搭建一个微商城。有赞提供了全套的商品管理、订单管理、交易系统、会员系统和营销系统。如图 1-7 所示有赞微商城。

图 1-7　有赞微商城

1.3.2　口袋购物微店网

口袋购物是一款移动平台的推荐购物类应用软件，主打个性化和精准化的商品推荐。功能包括热门的商店推荐，根据用户的个人喜好寻找商品，每天精选潮流热卖商品，帮你一站式购买淘宝、天猫、京东、凡客、苏宁等商城的商品，随时随地发现又好又便宜的宝贝。微店 APP

于 2014 年 1 月初上线，很快就获得了关注，并迅速传播。如图 1-8 所示口袋购物微店网，目前超过 3000 万人在这里开店。

图 1-8　口袋购物微店网

1.3.3　微盟旺铺

微盟，中国最大的微信开发服务商。微盟旺铺是基于微信小店的第三方解决方案，在原有“微商城”基础上进行了大幅度的优化和改进。凭借丰富的产品功能、全新的产品设计、快速的产品创新、超出用户期待的产品价值，基于微信为企业提供开发、运营、培训、推广一体化解决方案，帮助企业实现线上线下互通（O2O），社会化客户关系管理（SCRM），移动电商等多个层面的业务开发。截止 2015 年 6 月，入驻微盟商户数已超 110 万，年底有望突破 200 万，市场需求日益旺盛，微信已成为移动互联网最大入口。微盟涉及电商、餐饮、汽车、房产、医疗、旅游等多个行业。如图 1-9 所示微盟旺铺。

图 1-9　微盟旺铺

通过微盟平台，用户可以轻松管理自己的各类微信信息，对微信公众账号进行维护、开展智能机器人、在线发优惠券、抽奖、刮奖、派发会员卡、打造微官网、开启微团购等多种活动，对微信营销实现有效监控，在线优惠券、转盘抽奖、微信会员卡等推广服务更是让微信成为商家推广的利器，智能客服的可调教功能让用户真正从微信繁琐的日常客服工作中解脱出来，真正成为商家便利的新营销渠道，极大扩展潜在客户群和实现企业的运营目标。

1.3.4 中兴微品会

中兴微品是中兴通讯控股子公司深圳微品致远信息科技有限公司运营的购物 APP，是一个基于移动设备的创新型社交购物平台，是在微商、微店等概念基础上为品牌商提供微营销解决方案，为微商提供简单可靠无风险的开店机会，为消费者提供更便捷快速的正品购物体验。如图 1-10 所示中兴微品会。

图 1-10 中兴微品会

1.3.5 微小店

微小店是在移动互联网大潮下，实现网民“手机开店”的零成本创业项目。开通微小店后，无需自备货源，无需充当客服，无需处理物流和售后，只需推广微小店商品达成有效购买，即可获取高额佣金。不耗费时间和精力，适合所有人利用碎片化时间随时随地推广赚钱。如图 1-11 所示微小店。

图 1-11　微小店

1.3.6　京东微店

京东的第三方商家只需提供 QQ 号和微信 ID 即可方便入驻京东微店，通过京东商家后台对商品、订单、结算、售后进行统一管理，无需额外增加运营成本，同时可以享受来自微信、手机 QQ 两大购物入口的流量福利。如图 1-12 所示京东微店。

商家可以通过开通京东微店得到在微信客户端的资源。同时也可以关联微信的公众号，通过公众号提升流量，也可以通过微博等多种方式提升流量。

图 1-12　京东微店

1.4　从哪里寻找微店的货源

微店卖什么，这是开微店首先要考虑的问题。理论上，只要法律允许且有货源，卖什么都行。在确定卖什么之后，还要寻找物美价廉的货源，有了好的商品，你的营销技巧才能发挥，否则再好的销售技巧也不行。

1.4.1　批发市场进货渠道

虽然从厂家进货可以掌握一手货源，利润比较大，但是一般的厂家都有一定的大客户，他们通常不会和小卖家合作的。批发市场的商品价格一般比较便宜，这也是经营者选择最多的货源地，从批发市场进货一般有以下特点：

（1）批发市场的商品数量多、品种全、挑选余地大且容易“货比三家”；

（2）批发市场很适合兼职卖家，在这里进货时间和进货量都比较自由；

（3）批发市场的价格相对较低，对于微店来说容易实现薄利多销。

相比较其他几种渠道而言，批发市场对于新手卖家的确是不错的选择。如果你刚好生活在大城市，周围有大的批发市场，不妨就去那里看一看吧，保证不会让你失望。在北京的微店经营者，可以多去动物园、木樨园、秀水街、红桥；在上海可以去襄阳路、城隍庙等。多与批发商交往不但可以熟悉行情，还可以拿到很便宜的批发价格。如图 1-13 所示批发市场。

图 1-13　批发市场

通过和一些批发商建立良好的供求关系，能够拿到第一手的流行货品，而且能够保证网上销售的低价位。这不仅有利于商品的销售，而且有利于卖家积累信用。

找到货源后，可先进少量的货，在微店试卖一下，如果销量好再考虑增大进货量。在网上，有些卖家和批发商关系很好，往往是商品卖出后才去进货，这样既不会占用资金又不会造成商品的积压。总之，不管是通过哪种渠道寻找货源，低廉的价格是关键因素。找到了物美价廉的货源，网上开店就有了成功的基础。

1.4.2 厂家第一手货源

如果可以直接从厂家进货，有稳定的进货量，无疑可以拿到理想的价格。而且正规的厂家货源充足，信誉度高，如果长期合作的话，一般都能争取产品调换和退货还款。但是，一般能从厂家拿到的货源商品并不多，因为多数厂家不屑与小规模的卖家打交道，但有些网下不算热销的商品是可以从源头进货的。一般来说，厂家要求的起批量非常大。以外贸服装为例，厂家要求的批发量至少要在上百件或上千件，达不到要求是很难争取到合作的。如图 1-14 所示从厂家进货。

图 1-14 从厂家进货

通过下面几种办法，可以辨别厂家的实力，在下单之前就摸清对方底细。

（1）电话验证。通过 114 或电话黄页进行查询，核对对方的电话是否属实。一般正规厂家都很重视业务电话，都希望客户一查就能得知自己的电话号码，所以，往往都会把电话号码予以登记。除了查核电话号码登记外，还可以通过在不同时段给他们打电话来验证厂家是否正规。

（2）证件查询。可以要求对方提供《工商营业执照》和《税务登记证》等复印件。如果对方以担心被非法利用为由而拒绝你的这一要求，那么，你就干脆打电话到相关部门去查询。因为正规的工厂都必须正式登记在册，而从税务登记证上就可以看出对方是一般纳税人还是小规模纳税人，或者甚至根本未进行税务登记。

（3）价格辨别。你可以通过分析对方的定价模式来辨别其是否正规。正规公司都有稳定的价格体系，而且通常是不会允许新顾客随意讨价还价的。由于公司内部的规章制度比较健全，所以，除了决策层外，任何员工都无权私下更改定价模式。你可以多次让他们对同一产品进行报价，也可以不断地让他们对各种产品进行报价，以此来分析他们的定价模式，看他们的价格体系是否稳定与完善。

（4）规模辨别。辨别企业实力的要点就在于其生产经营规模的大小，评定世界财富 500 强时，其年销售额就是重要的指标之一。生产规模大、经营时间长、综合实力强的正规企业，往往产品的品种也多、款式也全、生产经验也足。

1.4.3　批发网站

全国最大的批发市场主要集中在几个城市里，而且有很多卖家也没有条件千里迢迢地去这几个批发市场。所以，阿里巴巴、生意宝等作为网络贸易批发的平台，充分显示了其优越性，为很多小地方的卖家提供了很大的选择空间。它们不仅查找信息方便，也专门为小卖家提供相应的服务，并且起批量很小。如图 1-15 所示阿里巴巴批发网站。

图 1-15　阿里巴巴批发网站

1．网络进货优势明显

网上批发是近几年开始兴起的新事物，发展还不成熟，但网络进货相比传统渠道进货的优势已经很明显。

（1）成本优势。可以省去来回批发市场的时间成本、交通成本、住宿费、物流费用等。

（2）选购的紧迫性减少。亲自去批发市场选购由于时间所限，不可能长时间慢慢挑选，有些商品也许并未相中但迫于进货压力不得不赶快选购，网上进货则可以慢慢挑选。

（3）批发数量限制优势。一般的网上批发基本上都是 10 件起批，有的甚至是 1 件起批，这样在一定程上增大了选择余地。

（4）其他优势。网络进货还能减少库存压力，还具有批发价格透明、款式更新快等优点。

2．网络批发注意事项

网络进货不比批发市场进货，因为网络毕竟存在着一定的虚拟性，所以选择商家的时候一定要谨慎小心，选择比较可靠的商家进行交易。在网络批发进货时注意如下事项：

（1）判断网站是否属于注册公司。如果连公司都没有注册，这样的网站商品质量很难得到保障。

（2）商品更新速度是否快速。商品更新速度影响到网络销售的业绩，同时也影响到实体店铺的营销业绩。如果一个网站的商品更新速度比较快，至少说明他们的产品在市场上的受欢迎程度还是不错的。

（3）是否是真人实物拍摄。目前网络上有很多服装都是一些时尚杂志上的款式图仿单，导致出现了很多问题，如实物与相片不符合、实物质量太差等，造成很多不必要的损失。而真人实物拍摄则强调了衣服的质感、真实性以及品质，是网络销售的绝佳选择。

（4）网站是否支持上门看货。如果不能支持上门看货，那就要先考虑一下这个商家是不是骗子公司了。当然有些公司由于代理数量比较多，可能会对上门看货提出一定的要求，如有的公司会要求必须一次性批发 50 件并预交定金之后才支持上门看货，一来是为了最大限度地优化客服工作程序，二来是最大程度地保证对每一位经销商的正常服务，这样的要求也是可以理解的。所以在是否支持上门看货这一点上，还需要大家更加仔细地辨别、分析，不能一概而论。

（5）要看网站的发货速度。有些网站的发货速度非常慢，可能下了订单之后两三天甚至五六天之后才发货，严重影响了顾客对卖家的信任，造成了客户资源的流失。所以在选择批发网站的时候，一定要看网站对发货速度的承诺。发货以后还要看网站是否支持退换货。有些网站以次充好或者在产品发生质量问题的时候以各种理由搪塞并拒绝退换货，这一点也需要加以注意。

（6）观察网站制作是否精致：很多骗子网站制作都是非常粗糙的，甚至只是几个很简单的页面，网站的图标也非常粗糙，让人看上去非常不舒服。而正规注册公司的网站都会非常在意网站的形象，同时对网站的技术要求也都会比较高，网站的图片、形象等都规范、清晰，视觉效果感觉非常好。

（7）观察网站留下的联系方式、公司地址是否详细。一般的骗子网站是不会留下详细的联系方式的，或者只留下一个手机号码，至于具体的公司地址更是不详。而正规的注册公司网站联系信息一般都会非常详尽。

（8）观察网站的营业资格。一般的骗子网站都没有营业执照，可以要求他们出示营业执照等证明。不过需要注意的是一些比较高明的骗子网站也会用图片处理软件伪造一份营业执照，在观察营业执照的时候需要仔细辨认，查看是否有涂改痕迹。而正规的注册公司网站则会主动出示他们的营业执照。

（9）了解网站的合作状况。在决定要代理商家的产品之前，一定要多注意了解他们的网站，注意观察他们是否有与其他网站进行合作、推广等活动，骗子网站是不可能和其他网站进行合作的。而正规的公司网站都会主动寻求合作。

1.4.4　地方特产和民间工艺品

我国民族文化博大精深，56 个民族丰富多彩的风俗民情，饱含着历史与文化的韵味。服饰、饰品、工艺品等一些极具民族特色的商品，凝结了各民族人民的勤劳与智慧，既可以是商品又可以是艺术品，很多人都喜欢收藏这些物品。如果微店经营地区性特色产品也是一条挺不错的开店之路，特色产品一般受地区、民族等客观原因的限制，不是在什么地方都可以买到的，若是自己在这方面可以解决货源上的难题，那么做着一方面的业务也不错的。如图 1-16 所示地方特产。

图 1-16　地方特产

民族工艺品价值很高，由于具有民族特色使其在琳琅满目的商品中鹤立鸡群。店主之所以愿意让这类产品来充实自己的店铺，不仅是因为它们稀有、能吸引人的眼球，而且还有其他产品无法取代的特点。

- 具有很强的个性。
- 具有丰富的文化底蕴。
- 富含淳朴气息。

- 具有奇特的特点。
- 富有民族特色和地域特色。

1.4.5 外贸尾单货

外贸尾单货就是正式外贸订单的多余货品。一般外商在国内工厂下订单时，工厂会按5%～10%的比例多生产一些，这样做是为了万一在实际生产过程中有次品的话，就可以拿多生产的数量来替补，这些多出来的货品就是我们常说的外贸尾单货了。

1．外贸尾单货的特点

外贸尾单货的优点就是性价比高，通常商家所销售的几十元钱的产品出口后都是几十美金或是更高的价格；但缺点是颜色和尺码不全，不能像内销厂家的货品那样齐色齐码。所以，它的价格一般比商场或其他地方更便宜。

外贸尾单货价格通常十分低廉，一般为市场价格的2～3折，品质做工绝对有保证，是一个不错的进货渠道。但一般要求进货者全部吃进，所以进货者要有一定的经济实力。

2．如何辨别真假外贸尾单货

面对鱼龙混杂的外贸货市场，应该如何判断其真假呢？下面介绍几点经验供大家参考。

（1）看价格。大多数外贸企业不擅长内贸，一旦产生了尾单货，一般都会选择低价脱手。

（2）看质量。真正的外贸尾单货的质量和正品一样，这就需要有相当的经验才能辨别，或者手上有真货可以进行比较。

（3）看包装。真正的外贸尾单货的外包装都是比较简单的，那些包装精美、所有配件都全的商品就值得怀疑了。

（4）看商标。一般尾单货的商标都是最后才贴上去的，有的甚至没有，这并不代表商品不好，或者是质量有问题，而恰恰说明了真货的严谨性。越是替知名品牌加工产品的厂家，它的尾单货就越是不可能有商标，因为越是知名的品牌对商品的控制越是严格，包括包装袋也是一样。

（5）看尺码。一般来说，尾单货特别是服装类的尾单货，有断码现象是非常正常的，尺码几乎不可能齐全。

（6）看瑕疵。有些外贸尾单货是有瑕疵的，不过瑕疵并不明显，不容易看出来。

1.4.6 海内外代购

近年来，海外代购市场规模越来越大，开始渗透我们生活的方方面面。从化妆品、服饰箱包、奶粉、到电子产品、珠宝手表、奢侈品等，只要你能想到的，都可以通过代购帮你买到，代购的方式也从传统淘宝网代购发展到微信朋友圈代购。如图 1-17 所示通过微信朋友圈海外代购。

图 1-17 通过微信朋友圈海外代购

海外代购为何这么火？

第一，随着我国人民收入水平的提高，消费水平也不断提高，国人对生活品质的追求也不断提高。

第二，消费者对国内产品质量的担忧。如人们对国产奶粉的不信任，及对洋品牌奶粉的盲目追捧，造成很多妈妈选择从海外代购奶粉。

第三，国内外相同产品差价太大。代购炙手可热，最主要的原因就是价格。据了解，海外代购的商品一般会比国内便宜约 1/3。由于这些品牌在国内外价格存在着巨大的差异，加上部分顶级奢侈品的限量版在国内根本买不到，因此货真价实的海外代购赢得了消费者的青睐。

第四，代购门槛低、利润大，促使代购行业蓬勃发展。做代购的多为 80、90 后年轻女性，而她们代购的产品大多集中在化妆品、服饰鞋类、箱包等方面。

第五，电子商务的迅猛发展以及网络贸易支付体系的日益完善，为海外代购开拓了更为便捷的交易平台，使得人们能够在很快的时间内完成交易，这也使得交易能够随时随地发生，大大增加了购买的几率。

1.4.7 手工 DIY 商品

DIY 是英文 Do It Yourself 的缩写，译为中文是自己动手做。手工 DIY 商品兴起于近几年，并逐渐成为一种时尚潮流，DIY 制作而成的物品能给人以自在、舒适的感觉。

DIY 手工制作品全部是手工制作，因此没有任何两款是完全一样的。这为喜欢自由和特立独行的年轻人提供了充分实现自己个性的舞台，用本来平凡的原料，加上别具匠心的制作，制作成独一无二的成品。如图 1-18 所示 DIY 商品。

图 1-18　DIY 商品

在追求时尚、独特、新颖的时代，年轻人喜欢标新立异，与众不同，他们不满足于百货公司里的现成商品，于是，DIY 经济火热升温，并因此成为新的淘金地。

1.4.8　网上代销产品

在网上交易中，代销指的是在网上展示商家给的图片、产品介绍等资料，然后向买家收取定金和一定的资金，让他发货，代销者赚取其中的差额。如图 1-19 所示网上代销。

图 1-19　网上代销

要注意的是网络代销虽然有一定的优越性，但是因为代销商具有“联系商家和买家，但是看不见商品”这个特点，所以使得代销有时候能成为一种骗局。而且网络代销因为牵扯第三方交易，所以它的利润相对偏低，准备代销的卖家要做好一定的心理准备。

1.4.9　积压库存商品

品牌商品在网上是备受关注的分类之一，很多买家都通过搜索的方式直接寻找自己心仪的品牌商品。有些品牌商品的库存积压很多，一些商家干脆把库存全部卖给专职网络销售卖家。不少品牌虽然在某一地域属于积压品，但由于网络覆盖面广的特性，完全可以使其在其他地域成为畅销品。如果你能经常淘到积压的品牌服饰等货物，拿到网上来销售，一定能获得丰厚的利润。这是因为品牌积压库存有其自身优势。

1．品牌积压库存商品的优点

（1）商品价格低。由于工厂处理库存货几乎都是被动处理，价格方面自然比较好谈，但也取决于个人的谈判能力，谈判能力强的自然可以为自己省下不少钱。另外，人缘比较好的人，能调动场面气氛，说话很容易让人接受，砍价方面自然高人一等。

（2）商品品种多。无论企业属于哪一行业，如果要生存下去，就必须以市场为导向，生产出市场需要的商品。而市场的需求正朝着多元化发展，因此，企业就要不断研发新的商品，以适应市场的需求。这样日积月累，企业库存的商品品种必然越积越多。

2．寻找积压库存的品牌商品

在寻找积压库存品牌商品的过程中，要注意以下问题，否则收购回他人的库存后商品不好销售，会立即变为自己的库存，让库存压力从厂家那里转移到自己的身上，有可能导致自己从此一蹶不振。

（1）消费者的品位。先从各个渠道详细了解当前大众消费者的品位，看他们是重实用还是重感观，重内涵还是重外形，重本土品牌还是重国外品牌。

（2）销售及市场动态。广泛关注市场动态，并进行分析。

（3）预测市场需求能力。预测市场需求能力及市场需求量。

（4）重视消费需求的不确定性。消费者的消费需求变化很大，不确定性增强了。

大部分微店从事的主要业务是零售，而不是批发，所以商品的数量要尽量少，以减少压货的风险。商品的品种要尽量多，让消费者多一些选择。

1.5 进货技巧

开店做生意，进货是很重要的一环。进货也是一门学问，如进货的数量、质量、品种如何确定，什么时候补货及如何确定补货的数量，作为微店的经营者都应该了解。

尤其在网上批发进货，供货商一般不会告诉你商品的成本的。因为商品的成本是个秘密，这就是为什么那么多的供货商没有报价单，只能选好商品，确定数量后才给报价是一样的。

如果进错货，可能会把多日来的经营信誉毁掉。另一方面，店里的商品有很多种，有的畅销，有的滞销，有的压了几个月还没有生意。所以作为卖家，一定要有敏锐的眼光，察觉到什么时候需要补货了，否则，买家可能就跑到别的竞争对手那里去了。在进货时需要掌握如下的要领。

1．对店铺的经营了如指掌

店主要想将进货工作切实抓好，就要对店铺的经营洞悉分明。只有这样才能采购到顾客喜欢的商品。这就需要店主尽量在短时间内积累大量的店铺经营经验，从而提高对所购商品的判断能力。所以在进货前需要深入了解客户人群的需求，对自己的选货眼光有绝对的信心，进货过程中给予批发商足够的诚意和信心，用数量来为自己争取拿到好的批发价格。

2．货比三家

为了使进货价格最合理，可以向多家供货商咨询，并从中挑选出各方面都适合自己的店铺销售的商品。

3．勤进快销

勤进快销是加快资金周转、避免商品积压的先决条件，也是促进微店经营发展的必要措施。店铺经营需投入较少的资金，经营品种繁多、种类齐全的商品，从而加速商品周转，将生意做活。当然，也不是进货越勤越好，需要考虑微店的条件、商品的特点、货源状态及进货方式等多种因素。

4．积累丰富的商品知识

一些店主在进货时通常会一味杀价，而对于其他交易条件从不考虑。这样一来，就会十分容易跌入别人的圈套。倘若供货商知道进货者有这种习惯，一定会有所准备地提高价格，来等待进货人员砍价。因此店主在进货时应该洞悉市场动向，商品知识丰富，这样才不至于被欺骗。

5．按不同商品的供求规律进货

对于供求平衡，货源正常的商品，少销少进，多销多进。对于货源时断时续，供不应求的商品，根据市场需求来开辟货源，随时了解供货情况，随时进货。对于采取了促销措施，仍然销量不大的商品，应当少进，甚至不进。

6. 注意季节性

新手往往并不知道服装进货时间一般会比市场提前两到三个月，在炎炎夏季书，批发市场的生产厂家们已经在忙着准备秋衫了。如果不明白这个道理，还在大张旗鼓的进夏季尾货，还在为占了厂家清季而处理的便宜货得意时，乐的可是批发商，而你进的货也可能会因转季打折而卖不了好价钱，或需求少影响到销售不理想。所以看准季节时机慎重进货也是一个方面。

7. 进货的数量

进货数量包括多个方面，如进货总额、商品种类数量等。确定进货金额有个比较简单的方法，即把整个店铺的单月经营成本加起来，然后除以利润率，得出的数据就是每月要进货的金额。

进货商品种类第一次应该尽可能的多，因为需要给顾客多种选择的机会。当对顾客有了一定了解时，就可以锁定一定种类的产品了，因为资金总是有限的，只有把资金集中投入到有限的种类中，才可能单个产品进货量大，要求批发商给予更低的批发价格。

8. 获得供货商的支持

能影响到供货商支持有两个因素：第一是首次进货的金额，如果首次进货金额太少，供货商就会你认为没有实力，或是你对他的产品信心不足；第二是补货的频率，如果经常到供货商那里去补货，即使数量不多，但供货商还是认为货物周转快，能够为他带来长期的效益。供货商支持表现在一旦有新货会尽快通知，而且可能下次进货的时候他会自动把价格调整下来。还有就是供货商如果认为你是重要客户，一般都会透露近期哪类商品热销，了解这些行情会对市场和客户判断更准确。

第2章

微商模式创业

开店指导

移动电商时代已经到来，带给电商平台的挑战是得桌面者得天下。在手机端用户的购物行为不再单纯依赖于浏览器，而是通过独立微店的方式呈现，越早抢占手机端桌面的平台越处于有利位置。近年来，随着互联网行业的普及，微商这个行业早已不是一个秘密。微商创业有哪些商业模式呢?

2.1 微商创业应具备的素质

微商从最初的默默无闻，到现在的家喻户晓，毫无疑问这就是一种成功。微商创业需要具备哪些素质呢?

2.1.1　积极向上的创业心态

心态是决定一个人成败的决定性因素，对于诸多的微商创业者亦是如此。好的心态不仅是事业腾飞的保证，更是人生境界提升的重要基础。作为一个微商创业者，我们该如何以良好的心态去创业呢？

1．坚持的心态

90%以上的人不能成功，为什么？因为不能坚持。坚持的心态是在遇到坎坷的时候反映出来的，而不是顺利的时候。信念是我们的立足之本，只有坚定的信念，才能赋予我们时代激情和不屈的斗志，缺乏信念只会让我们前功尽弃，以失败而告终，因为没有信念的人不具备持久的耐力，遇到一点困难就会后退，没有了前进的勇气。

2．积极的心态

事物永远是正反两面，积极的心态看到的永远是事物好的一面，而消极的心态只看到不好的一面。积极的心态能把坏的事情变好，而消极的心态能把好的事情变坏。创业中自信积极的心态更为重要，相信自己的能力，对未来充满信心，不指望依靠他人获得一条捷径，在困境中自强不息，自己主宰自己的命运。

3．谦虚的心态

谦虚是一种美德，也是一种修养。谦虚使人进步，骄傲使人落后。谦虚者可以包容别人、善待别人，学习和吸取别人有益的经验和知识，从而提高自己，避免浅薄无知。

4．付出的心态

舍就是付出，付出的心态就是老板心态。是为自己做事的心态，要懂得舍得的关系。舍的本身就是得，小舍小得，大舍大得，不舍不得。不愿付出的人，总是省钱，省力，省事，最后把成功也省了。

5．学习的心态

学习在创业中是广义的，包括理财、技能、管理、决策、经营等多方面的学习内容。尤其在知识经济时代，知识更新的周期越来越短，过时的知识等于废料，只有不断地学习，才能不断摄取能量，才能适应社会的发展，才能生存下来。要善于思考，善于分析，善于整合，只有这样才能创新。

6．诚信的心态

诚信是一种美德，是一种情操，在商海尔虞我诈的时代尤其应该值得提倡，用道德的标准树立诚信的美德，尊重别人同样也会获得别人的尊重。以诚而立，以德服人，把持有度，方能在商海的起伏中奠定根基。

7．合作的心态

合作是一种境界，合作可以打天下。成功就是把积极的人组织在一起做事情。记住任何时候你都不是孤立的，不要以为自己优秀就拒绝与人合作，一个人的能力因素固然重要，但团队之间的合作精神更为重要。一个优秀的微商创业者，不会断然轻视团队的作用，相反会注重团队的协调发展，懂得借势造势，懂得彼此之间的双赢模式，懂得互助发展才能立于不败之地。

8．感恩的心态

感恩周围的一切，包括坎坷、困难和我们的敌人。事业的成功，项目的进展，都需要自己感谢某些人，包括自己。他们在过去可以帮助你，在以后同样也可能帮助你。感恩是中华民族传统的美德，只有懂得感恩的人才是富足的人。我们一定要有感恩的心态。

9．成功的心态

我们努力了事情不一定成功，但是我们不努力事情一定不能成功。成功心态不仅仅指对胜利的渴望,它是一个人证明自身价值和团队价值的一种积极的心态。成功不是事情结果的实现，是在这个过程中不断地超越自我，提取成功要素、不断学习和思考的过程，它是激励我们持之以恒的必备心理。

10．细节的心态

细节决定成败，互联网更是如此。瞬息万变的网络因为它的变化让人神往，也因为它的快速改变而让人望而却步。从前期的市场考察、项目调研，到发展中的市场推广、店铺运营，直至后来的营收模式，在这个过程中要求微商创业者注意到每一个可能的细节。细节还体现在这个过程中的方方面面，产品的细节、用户关系细节、团队管理细节，无处不在的注意点要求我们学会全盘的看待问题，更要细节的重视问题。

11．积累的心态

我们不和别人竞争现在的店铺大小，那是我们无法更改的，但是我们可以通过积累，让自己时时进步。积累自己的资源，积累自身的社会价值，积累自己的资金用度，积累自己不断战胜困难挫折的心理。面对强劲的对手时，我们不害怕，通过积累，在成长中战胜对手。

12．快乐的心态

享受创业带给自己的快乐，这是每个创业中的人们最大的乐趣。我们快乐的面对成功和失败，无论什么，只要有明天，我们就要微笑着。让自己快乐，让身边的人快乐，让你所想服务的人快乐，这样你不成功也难。

13．自省的心态

人最难的是面对自己。当团队或者项目出现问题的时候，先问问自己，在放松或交流中找到事情的症结和解决点。

14．责任的心态

选择创业就预示着你放弃了一些东西，时间是最大的成本，对自己负责的人才可能有大的成就。责任是灵魂和道德赋予我们的一种使命。不管你是为谁在创业或工作，你都必须有一种强烈的责任感，对自己负责，对他人负责，不是并列关系。

15．思维的心态

我们需要时时的思考，当初选择的方向是不是错的，我们不应该执著于当初的计划。因为市场、竞争对手、用户、自身条件的变幻，我们总是需要不停地思考，在思维中不断明晰自己的道路。

2.1.2　超强的服务意识

在商业活动中，服务是一个十分重要的环节。在进行微商创业时，一定要具备超强的服务意识。

1．微笑是对客户最好的欢迎

微笑是生命的一种呈现，也是工作成功的象征。所以当迎接客户时，哪怕只是一声轻轻的问候也要送上一个真诚的微笑，虽然说网上与客户交流是看不见对方的，但言语之间是可以感受得到你的诚意与服务的。

礼貌待客，让客户真正感受到“上帝”的尊重。客户进门先来一句：“欢迎光临，请多多关照。”或者：“欢迎光临，请问有什么可以帮忙吗”诚心致意，会让人有一种亲切感。并且可以先培养一下感情，这样客户心里抵抗力就会减弱或都消失。有时客户只是随便到店里看看，我们也要诚心的感谢人家说声：“感谢光临本店”。对于彬彬有礼，礼貌非凡的店主，谁都不会把他拒之门外的。诚心致谢是一种心理投资，不需要很大代价，可以收到非常好的效果。

2．在线客服快速响应

线上销售与线下销售具有明显的不同之处，前者属于自助式购物，往往可以快速搜索到许多同类产品。有些客户看到产品就会迅速拍下，而有些客户则比较谨慎，会针对产品向客户提一些问题，这时客服的响应速度通常会直接影响产品成交率。如果客户提问的时候，客服不在线，那么这样很容易导致目标客户的流失。

3. 要有足够的耐心与热情

常常会遇到一些客户，喜欢打破沙锅问到底。这时候我们就需要耐心热情的细心回复，这样会给客户信任感。要知道爱挑剔的客户才是好客户。有些客户当所有问题问完了也不一定会立刻购买，但我们不能表现出不耐烦。就算不买也要说声“欢迎下次光临”。如果你服务好，这次不行下次有可能她还会来购买的。砍价的客户也是常遇到，砍价是客户的天性，可以理解。在彼此能够接受的范围可以适当让一点，如果确实不行也应该婉转的回绝。比如说“真的很抱歉，没能让您满意，我会争取努力改进”，或者引导客户换个角度来看这件商品让他感觉货有所值，就不会太在意价格了，也可以建议客户先货比三家。总之要让客户感觉你是热情真诚的。千万不可以说我这里不还价等伤害客户自尊的话语。

4. 主动的线上服务意识

在网上与客户沟通时，主动为客户提供优质的解惑服务，不是所有的客户对你的产品都是了解和熟悉的。当有的客户对你的产品不了解的时候，在咨询过程中，我们就要了解自己产品的专业知识。这样才可以更好的为客户解答。帮助客户找到适合他们的产品。不能客户一问三不知，这样会让客户感觉没有信任感，谁也不会在这样的店里买东西的。

2.1.3 不断地学习能力

对于微商创业而言，要不断地学习，每时每刻都需要为自己注入新鲜血液。每时每刻都进行细微的创新，才能逐渐把竞争对手打败，世界上最成功的人都在不断地学习。怎样才能学到最新最前沿的知识呢?

1. 养成每天阅读的习惯

在互联网科技发达的今天，创业者可以借助网站、移动客户端等获取最新资讯。例如图 2-1 所示艾瑞网，艾瑞网是国内首家新经济门户网站。为业内人士提供更丰富的产业资讯、数据、报告、专家观点、高层访谈、行业数据库等全方位、深入的行业服务，多角度透析行业发展模式及市场趋势。

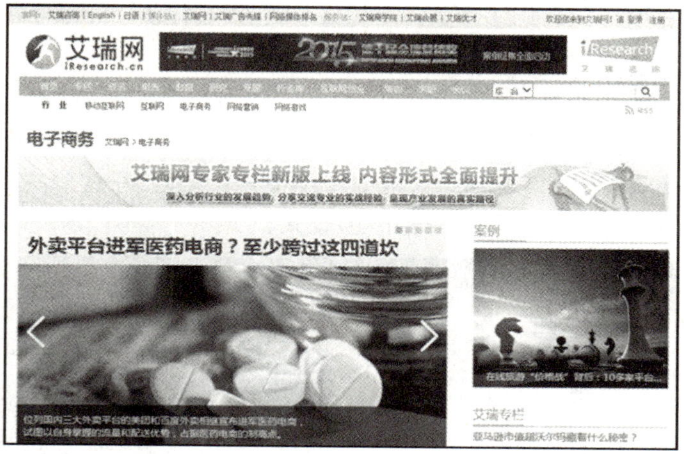

图 2-1 艾瑞网

2．定期参加线上、线下行业沙龙

对于微商创业者来说，目前在线上参加的沙龙比较多。很多沙龙活动都是免费的，或则收取几十元的场地费，每次活动都会有一些行业内的专业人士参与。可以与他人展开良好的互动，从而获取自己想要的信息。如图 2-2 所示豆瓣同城发布的一些线下沙龙活动。

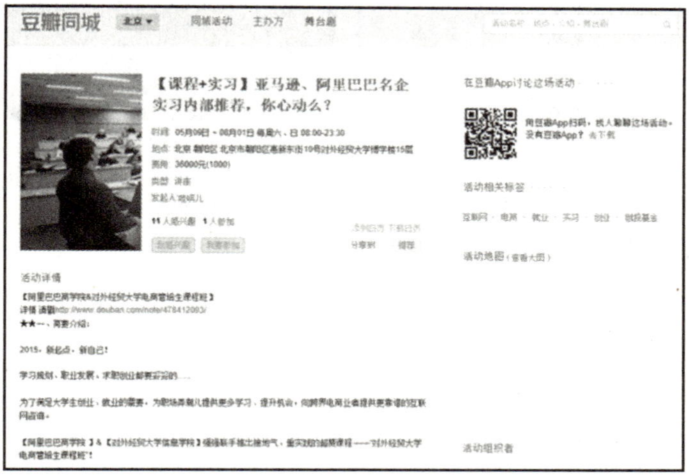

图 2-2 豆瓣同城沙龙活动

2.2 微商销售模式

一个新的电子商务时代到来了，那就是微商。目前微商非常的火爆，微商有哪些销售模式呢？

2.2.1 微信朋友圈卖货的模式

微信朋友圈卖货是最常见的一种微商销售模式。利用微信的朋友圈每天发布一些商品。对于微商来说，朋友圈就像一个市场，你的产品能不能在第一时间吸引客户注意，受到客户喜爱，就要看你怎么宣传了。如图 2-3 所示朋友圈卖货模式。

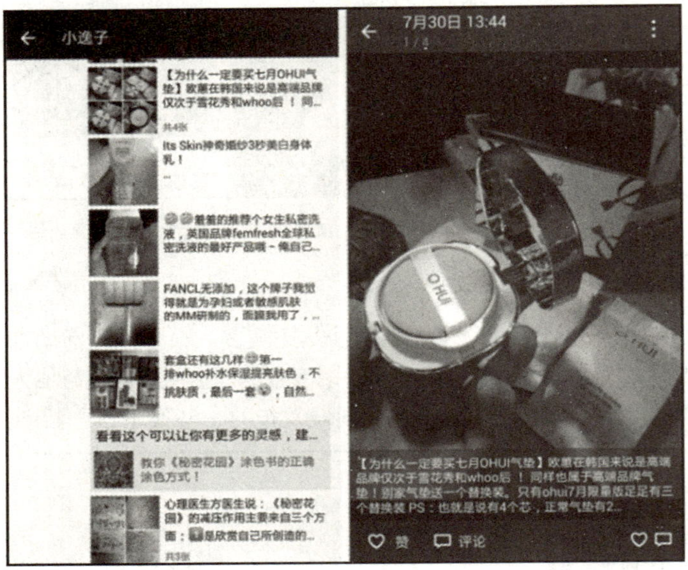

图 2-3　朋友圈卖货模式

做微商，我们必须要将自己的圈子分清楚。哪些人可能成为自己的潜在客户，他们有什么样的需求，需要怎样的产品，会不会买你的产品，能不能帮助你推广你的产品，都是细致的工作。

2.2.2 微信公众号卖货的模式

一些微商会在微信公众号发布一些内容来吸引客户。客户在观看内容的同时，就会看到他们的公众号还有一个微商城。这个微商城是和微信公众号绑定在一起的。

微信公众平台为每个人提供了创建自己的品牌的机会。通过微信公众平台，个人和企业都可以打造一个微信公众账号，实现与特定群体进行文字、图片、语音等的全方位沟通与互动。如图 2-4 所示通过微信公众号销售商品。

图 2-4　通过微信公众号销售商品

2.2.3　手机 APP 商城卖货的模式

随着移动互联网的到来，手机上网的人越来越多了，手机 APP 商城是指一些商城企业开发的手机 APP 应用，比如淘宝手机 APP 等。可以把它生成一个 APP 供用户下载到手机桌面上。就像手机微信，QQ 一样，大家只需要点击图标就能打开的商城。APP 商城比较方便，所以也有很多卖主利用手机 APP 商城来卖产品。它能够帮助商家快速形成自有的用户群体，有效提升销售业绩。面对移动电子商务的竞争大潮，一款实用的手机客户端（APP）产品是商家决胜千里的关键。如图 2-5 所示手机 APP 商城卖货。

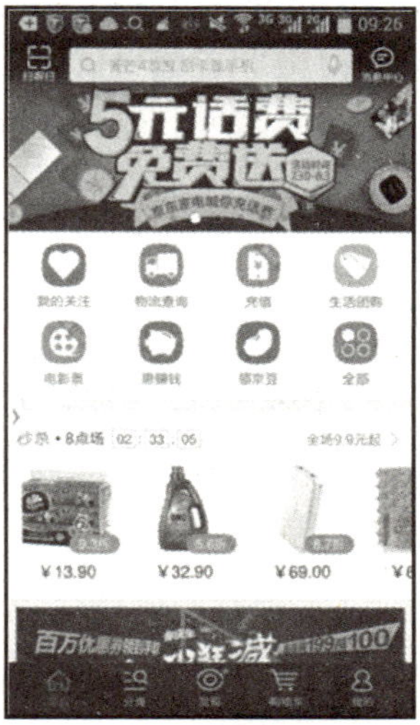

图 2-5　手机 APP 商城卖货

2.2.4 自媒体卖货的模式

自媒体是指私人化、平民化、普泛化、自主化的传播者，以现代化、电子化的手段，向网民传递信息的新媒体的总称。自媒体平台包括：博客、微博、微信、论坛等网络社区。可以利用这个自媒体平台来销售产品。如图 2-6 所示自媒体销售商品。

图 2-6 自媒体销售商品

近年来，自媒体的诞生，让一切传播变得更为快速有效，任何企业都可以成为一个传播体，任何一个消费者都可能具有无限的传播力量。好的自媒体，一定是一个平台，而非渠道，它靠内容去吸引消费者，靠互动去黏合消费者，靠技巧去整合消费者。好的自媒体平台是要根据产品属性和企业文化，树立起一个独特的气质。

2.2.5 手机微店卖货的模式

随着移动端人群的增多，用手机开微店成了一种潮流。开微店注册简单，不需要繁杂的流程，没有门槛，只要一部智能手机、一个客户端，就能在这个平台展开商业活动，操作简单，管理方便，上新商品，订单与销售情况都能随时掌握。如图 2-7 所示手机微店卖货。

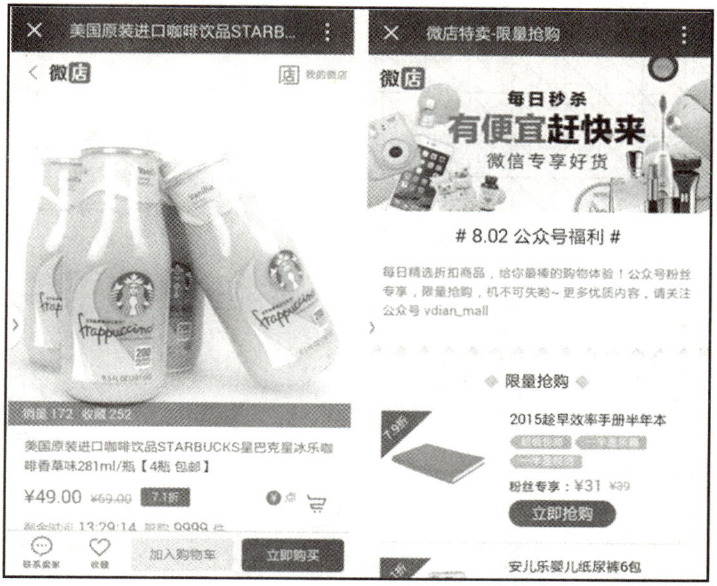

图 2-7 手机微店卖货

2.2.6 微商 O2O 模式

所谓 O2O 就是 online to offline，O2O 通过打折、提供信息、服务预订等方式，把线下商店的消息推送给互联网用户，从而将他们转换为自己的线下客户，这种营销模式特别适合必须到店消费的商品和服务，比如珠宝、餐饮、健身、电影和演出、美容美发、摄影等。O2O 模式的优势在于，订单在线上产生，每笔交易可追踪，展开推广效果透明度高。让消费者在线上选择心仪的服务再到线下享受服务。如图 2-8 所示微商 O2O 模式。

有些做本地生意的会在地方论坛，分类信息网等发布一些产品信息。发布产品都会留下电话号码、微信号、QQ 号。如果用户感觉产品不错，有的会打电话咨询产品问题，有的会用微信号进行交流。

图 2-8　微商 O2O 模式

2.2.7　微商的微视频卖货模式

手机上的微视频分享平台有微视、美拍等。做微商不能只靠文字、图片，还可以使用视频推广。比如在淘宝上卖玩具可以用手机拍一些玩具的视频，分享到微店上，还可以把这些视频分享到微信朋友圈、微博等平台。如图 2-9 所示视频卖货。

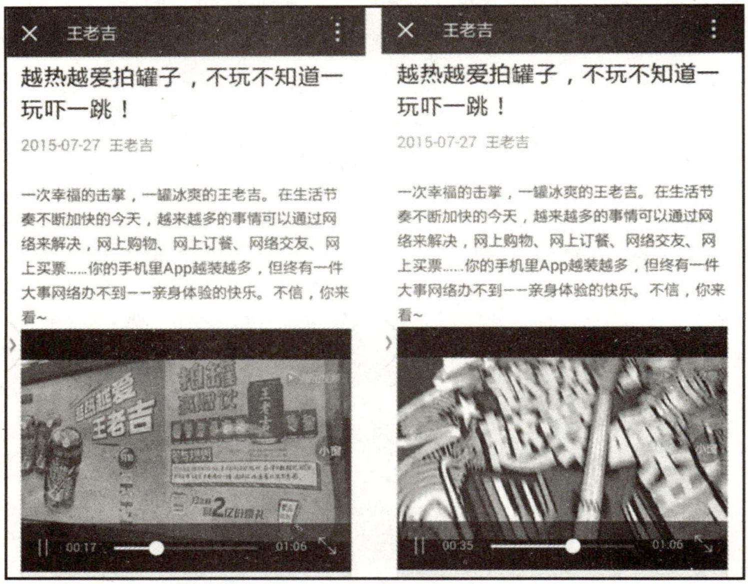

图 2-9　视频卖货

2.3　微商创业的误区

微商时代，打开朋友圈除了发心灵鸡汤，发广告的朋友越来越多。其实做微商刷屏不是长久之计，那么微商怎么才能做大做好呢？为什么别人能月月挣大钱而你还是做不好？有哪些误区呢？

2.3.1　目标不明确，盲目选择产品

任何营销，都有营销目的，是卖服装还是卖护肤品。要做零售还是要做批发。很多微商没有一个明确的目的。建议先找到自己的定位。自己要干什么?根据自己的特点，分析会吸引到什么样的客户，他们的需求又是什么，再去研究应该卖什么东西。

王敏是一名职场白领，一次偶然的机会，她踏入了微商的圈子。在初涉微信营销时，她选择了一款价值数千元的貂皮大衣。尽管她在微信朋友圈中经常晒美图、发宣传文案，还策划“点赞送礼”的小活动，但是销售结果却并不理想。主要是她的产品选择出现了问题。原来，这款貂皮大衣主要面向 40 岁左右的中年女性，价格较高。而王敏的朋友圈中大多是 20 到 25 岁的年轻女性，大家对貂皮大衣的关注度不高。此外，在微信上，大家对于几十元、几百元的产品可能没有太多的顾虑，但是对于数千元的产品，大家顾虑的因素就会显著增多，再加上产品真伪难辨，就更不会有人愿意买了。

王敏的这个案例告诉我们，选择微信产品时切忌盲目，一定要综合考虑自己朋友圈的特点，看看所选的产品特点、市场特点等因素，和自己朋友是否吻合。

2.3.2　运营成本低，没有门槛

微商的出现带来了一场新的变革，一时间，“零成本创业”、“零门槛创业”等口号满天飞，使得许多人一头热地扎进了微商创业的浪潮中。

张晓梅原来在一家科技公司工作，一直梦想可以独自创业。后来，她在微信上发现，一些好友常在朋友圈中晒服装鞋帽、面膜护肤品、包包、美食等美图，原来大家在做微商。听说微商创业很简单，不需要缴纳入驻费、押金等，零成本投入，只要有一部智能手机、找好货源，就可以卖东西了。

张晓梅立刻辞职做起了全职微商。然而现实却并非如此简单。张晓梅刚开始做微商就遇到最大的难题：产品无人问津！她的朋友圈中本来就没有多少好友，而且物流配送、支付等各个环节也没有打通。就这样，做了半年微商，张晓梅只是零零星星赚了 2000 多元，而大部分时间都处于无交易状态。

2.3.3 急于求成

为什么现在微商很火，除了前景广阔。主要原因是，想要入行的人看到了别人一天可以赚几千甚至上万，于是开始幻想，自己做短期内也可以轻松发财。那是不现实的，任何行业都是需要积累的，现在有些人跟客户沟通太急于求成了，看见有人加自己，就使劲推荐自己的产品。这样做会让客户觉得你是不是销量不好或者是不是骗子。在跟客户沟通的过程中要学会分析客户的心理，要知道自己该怎么做才能增加客户对你的信任感，要学会和客户做朋友，我们要从客户的角度想问题。

2.3.4 要么不更新，一更新就刷屏

朋友圈刷新的速度是非常快的，如果不能及时更新信息，会慢慢被客户忘记。很多微商经常就会要么一两天都不更新。一更新要么就是一下十几条，直接刷屏。

还有的微商加入微信群后，不和大家交流，一上来就乱发广告，发完了就走。有的微商加你为好友，也从不和你聊任何话题，只会发广告，他的朋友圈，也全是各种产品广告。这些微商不懂得社群营销的精髓是用心交朋友，只会刷屏，加粉。

每天都要更新内容，而且要注意节奏和规律。一般三小时左右更新一次。早上 7 点左右更新一次，起床第一件事情看朋友圈，这时候你一定要出现在她的朋友圈里面。

2.3.5 不顾及客户的感受

做过微店的人应该都知道，微店平台不像淘宝店铺那样有较为完善的评价体系、发货流程、退换货机制，顾客若想了解某个产品好不好，全凭朋友们的口头描述或通过其他途径查找相关信息。至于发货、退换货，也全凭卖家，卖家心情好了，可能立马就给客户发货或答应给客户退换货；心情不好了，拖上几天再发货、直接将客户删除或拉入黑名单，这种“一锤子买卖”也不是不可能。

无论是线上交易还是线下交易，买卖双方应该保持平等互利的关系，这样才会促成交易良性发展。在微店平台上，如果卖家只选择对自己有利的交易规则，而不顾及客户的感受，那么迟早会让自己陷入销售停滞的僵局，甚至直接导致生意崩盘。

第 3 章

处理好商品照片

开店指导

顾客在购买的那一刻是感性的，一张好图胜过千言，一张漂亮的图片可以让店铺的商品脱颖而出；可以为店铺的商品带来人气；可以让买家心情愉悦；可以让买家怦然心动。本章介绍如何利用图片处理软件处理出精美的商品照片。

3.1 简单的照片处理

微店精美的产品图片使人产生愉悦的快感，增加产品销售成交率。

3.1.1 调整拍歪的照片

商品照片拍歪是经常遇到的情况，本节将讲述如何利用 Photoshop 进行处理拍歪的照片，具体操作步骤如下。本书中使用 Photoshop CS5 版，实际上使用其他版本 Photoshop 软件，也可以实现这些功能。

（1）启动 Photoshop CS5，打开一张拍歪的照片，如图 3-1 所示。

（2）选择“图像”|“图像旋转”|“任意角度”命令，如图 3-2 所示。

图 3-1　打开图像

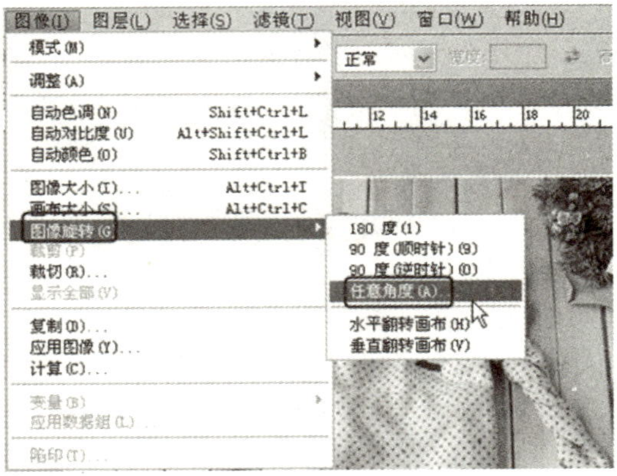

图 3-2　选择“任意角度命令”

（3）弹出“旋转画布”对话框，将“角度”设置为“7”，选中“度（逆时针）”单选项，如图 3-3 所示。

（4）单击“确定”按钮，即可将拍歪的照片调正，如图 3-4 所示。

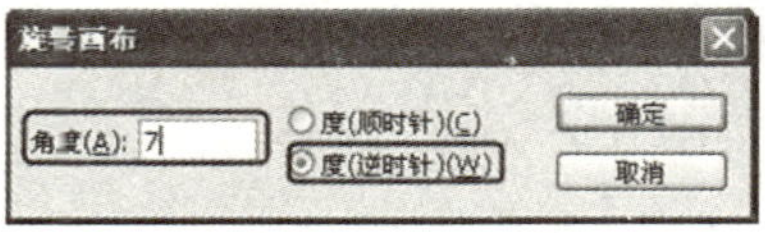

图 3-3　“旋转画布”对话框

图 3-4　调整图像

小提示

究竟什么样的图片才是合格的图片呢？

- 首先图片要清晰、醒目和美观，不要产生拉伸和扭曲现象。

- 产品图片要居中，大小合适。不能为了突出细节，造成主体太大。这种视觉冲击让买家看了很不舒服，分不清主次，不能全面直观地了解你的产品。
- 图片的背景不能太乱，太随意，要和主体产品搭配。

3.1.2　缩小图片

在经营微店的过程中，经常碰到有些照片由于文件太大而无法上传的情况，这时就需要将其缩小一些。本节将讲述调整照片大小的具体操作步骤。

（1）启动 Photoshop CS5，打开图像文件，如图 3-5 所示。

（2）选择“图像”|“图像大小”命令，弹出“图像大小”对话框，在该对话框中将“宽度”设置为“500 像素”，并选中“约束比例”复选框，如图 3-6 所示。

图 3-5　打开图像

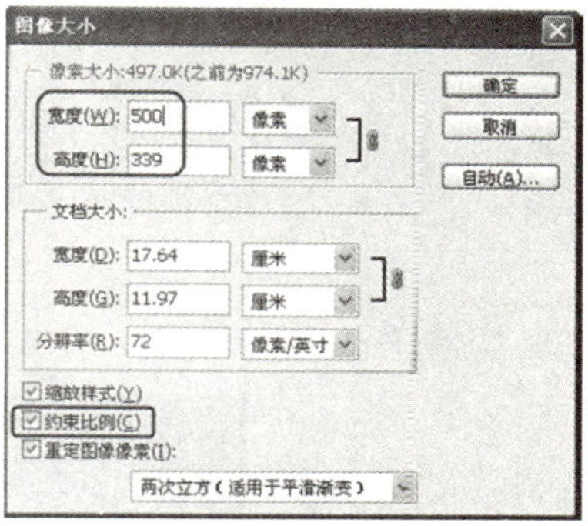

图 3-6　“图像大小”对话框

（3）单击“确定”按钮，调整图像大小，如图 3-7 所示。

图 3-7　调整图像大小

3.1.3 自由裁剪照片

上传到店铺中的图片需要设置到一定的尺寸才能完美地显示。有些照片直接缩小并不能达到想要的效果。下面介绍如何自由裁剪图片到想要的尺寸，具体操作步骤如下。

（1）启动 Photoshop CS5，打开照片，选择工具箱中的“裁剪工具”，如图 3-8 所示。

（2）按住鼠标左键在舞台中拖动，以选择要保留的区域，如图 3-9 所示。

图 3-8 打开图像

图 3-9 选择区域

（3）调整好裁剪的区域后，双击鼠标左键确定裁剪区域，如图 3-10 所示。

图 3-10 裁剪图像

3.1.4 调整图片的大小

微店对于图片的尺寸大小，不同的地方有不同的规定，另外图片大了也会影响页面的打开速度，所以常常要压缩图片。下面介绍产品图片的压缩方法，具体步骤如下。

（1）启动 Photoshop CS5，打开一张图片，如图 3-11 所示。

（2）选择“文件”|“存储为”命令，弹出“储存为”对话框，选择文件位置、文件名等，选中“作为副本”复选框，如图 3-12 所示。

图 3-11　打开图像文件

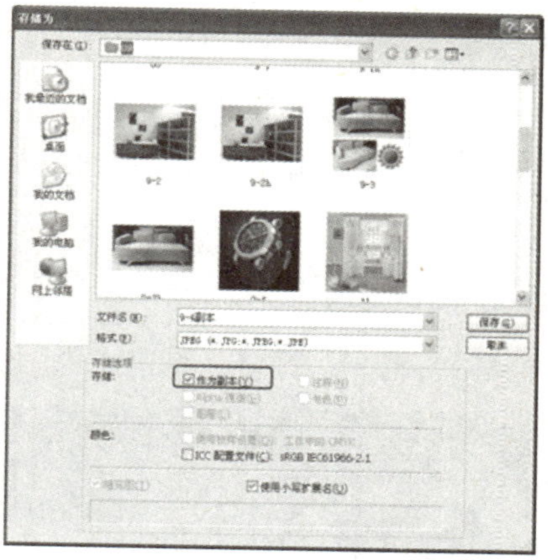

图 3-12　“储存为”对话框

（3）单击“保存”按钮，弹出“JPEG 选项”对话框，如图 3-13 所示。这里将品质设置为“8”即能满足网上图片的显示质量要求。

（4）单击“确定”按钮，即可成功压缩图片，如图 3-14 所示。

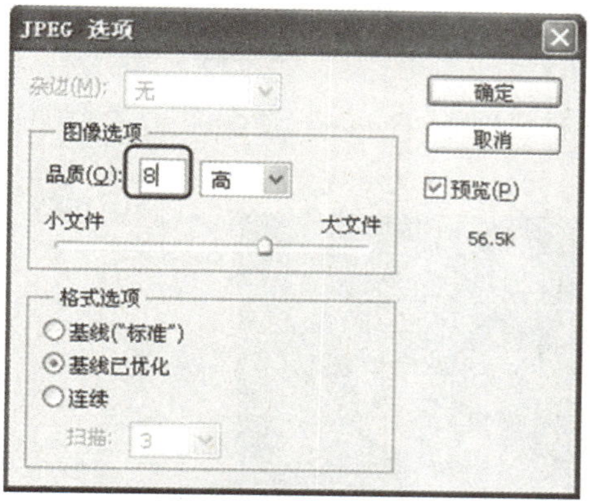

图 3-13　“JPEG 选项”对话框

图 3-14　成功压缩

3.2　调整照片效果

在拍摄图片时，由于某种原因，拍出来的图片可能没有那么完美。这时就需要用专门的软件处理一下，然后再上传。从本节开始将介绍微店行家常用的几种 Photoshop 功能，即使以前不会使用 Photoshop 的人，只要根据下面介绍的操作步骤一步步操作，也能制作出令人满意的图片来。

3.2.1 调整曝光不足的照片

通常由于技术、天气、时间等原因或条件所限，拍出来的照片有时会不尽如人意，最常见的问题就是曝光过度或者曝光不足。下面就向大家介绍如何在 Photoshop 中处理曝光不足的照片，简单而有效，具体操作步骤如下。

（1）打开一张曝光不足照片，如图 3-15 所示。

（2）选择“图像”|“调整”|“曝光度”命令，弹出“曝光度”对话框，如图 3-16 所示。

图 3-15 打开图像文件

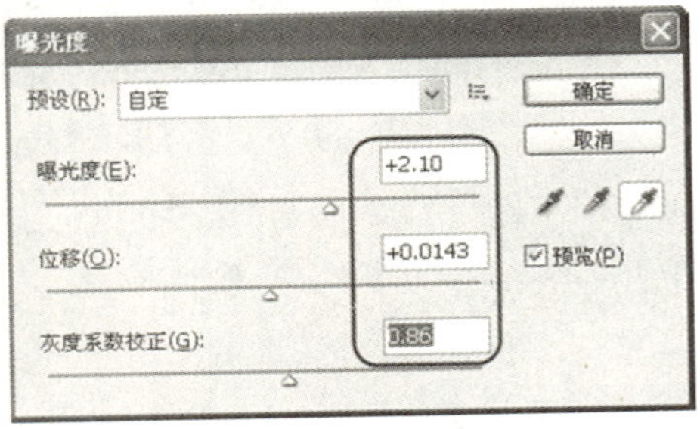

图 3-16 “曝光度”对话框

（3）在该对话框中将曝光度的值增大，然后单击“确定”按钮，即可调整图片的曝光度，如图 3-17 所示。

图 3-17 调整曝光度

3.2.2 调整曝光过度的照片

由于拍摄时光线太强烈，或在拍摄时加入了太多的白色而看不清商品图片，这就是曝光过度。本节讲述如何调整曝光过度的照片，具体操作步骤如下。

（1）打开一张曝光过度照片，如图 3-18 所示。

图 3-18　打开图像文件

（2）选择“图像”|“调整”|“曝光度”命令，弹出“曝光度”对话框，如图 3-19 所示。

（3）在该对话框中将曝光度的值减小，然后单击“确定”按钮，即可调整图片的曝光度，如图 3-20 所示。

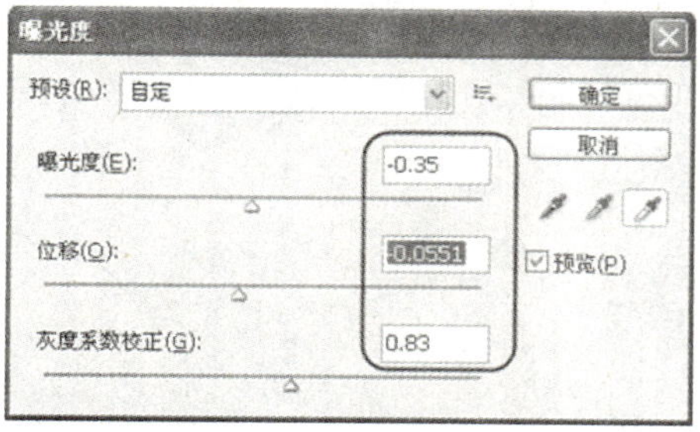

图 3-19　“曝光度”对话框

图 3-20　调整曝光度

3.2.3　调整模糊的照片

用数码相机或手机拍照，难免会因为各种原因使得照片效果不尽如人意，其中照片模糊是最常见的。使用 Photoshop 调整模糊图片的具体操作步骤如下。

（1）打开一张模糊照片，如图 3-21 所示。

图 3-21　打开图像文件

（2）选择“图像”|“模式”|“Lab 颜色”命令，调整图片模式，如图 3-22 所示。

（3）打开“图层”调板，在该调板中将“背景”图层拖动到“创建新图层”按钮上，复制“背景”图层，如图 3-23 所示。

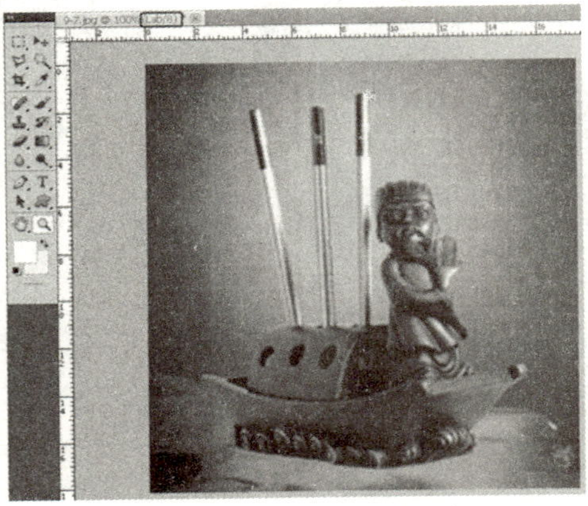

图 3-22　选择 Lab 颜色

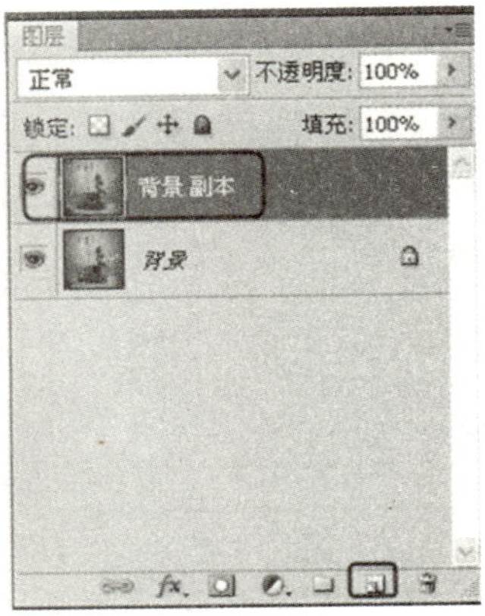

图 3-23　复制背景

（4）选择“滤镜”|“锐化”|“USB 锐化”命令，弹出“USB 锐化”对话框，根据需要设置相应的参数，然后单击“确定”按钮，如图 3-24 所示。

（5）将图层混合模式设置为“正常”，不透明度设置为“70%”，如图 3-25 所示。

（6）如果还是不够清楚，还可以复制相应的图层，直到调整清晰为止，如图 3-26 所示。

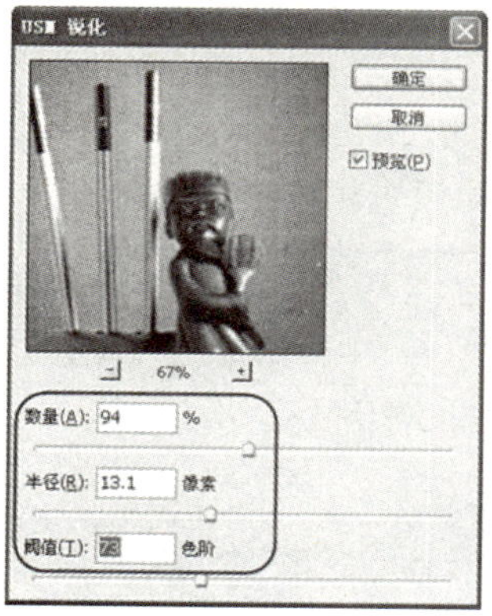

图 3-24　“USB 锐化”对话框

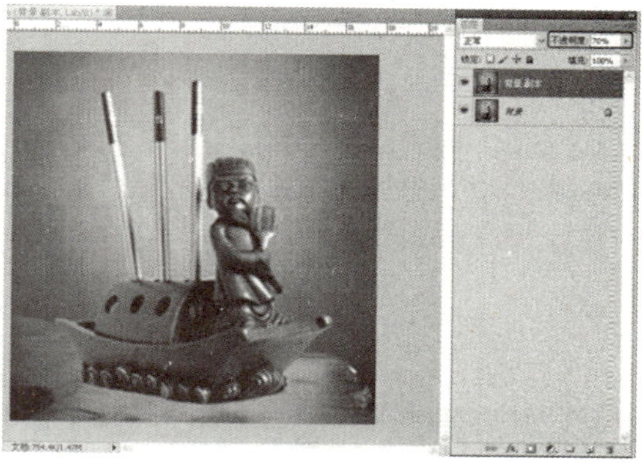

图 3-25　设置不透明度

图 3-26　调整后

3.4.4　调整对比度突出照片主题

对数码照片进行适当的调整是非常必要的。要突出图像的主题，首先必须确认图像的主题是什么。只要主题确认下来了，剩下的步骤就很简单了。通过提高主题与背景的对比度、模糊背景、背景简单化等方法，都可以很有效地突出主题，具体步骤如下。

（1）打开一张图像文件，如图 3-27 所示。

图 3-27　打开图像文件

（2）选择“图层”|“新建调整图层”|“色阶”命令，弹出“新建图层”对话框，如图 3-28 所示。

（3）单击“确定”按钮，打开调整面板，在该对话框中设置相应的参数，如图 3-29 所示。

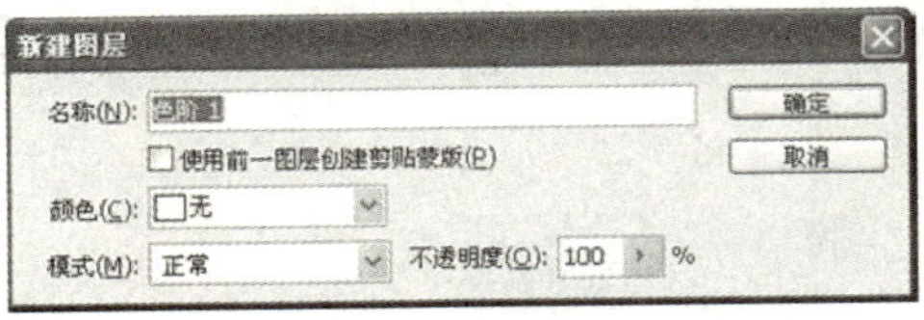

图 3-28 “新建图层”对话框

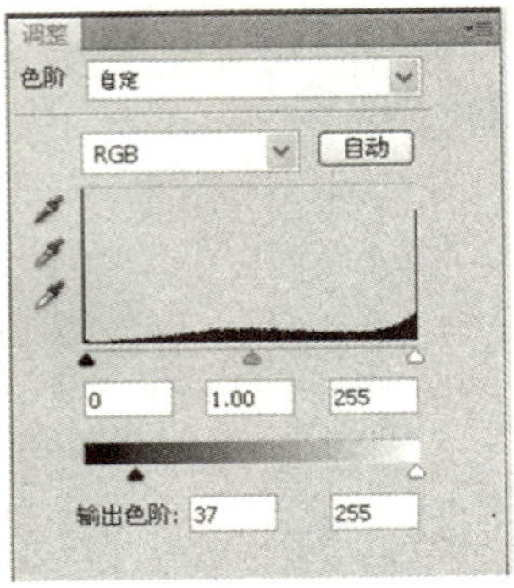

图 3-29 调整面板

（4）按 Ctrl+C 键复制图像，然后选择“编辑”|“粘贴”命令，得到一个调整后的合并图层，如图 3-30 所示。

（5）对复制得到的图层执行“滤镜”|“模糊”|“高斯模糊”命令，弹出“高斯模糊”对话框，在该对话框中设置相应的参数，如图 3-31 所示。

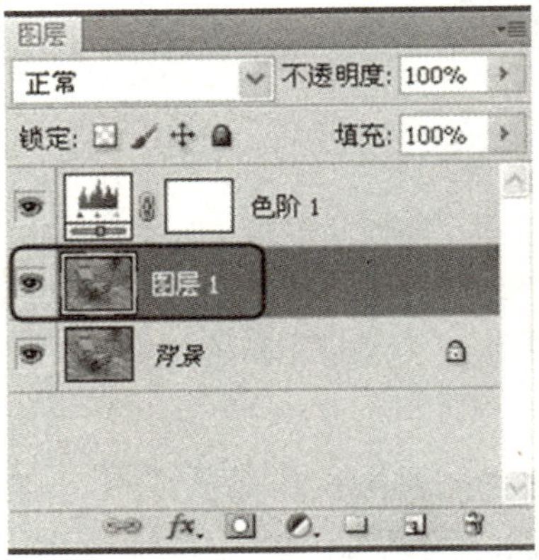

图 3-30 复制图层

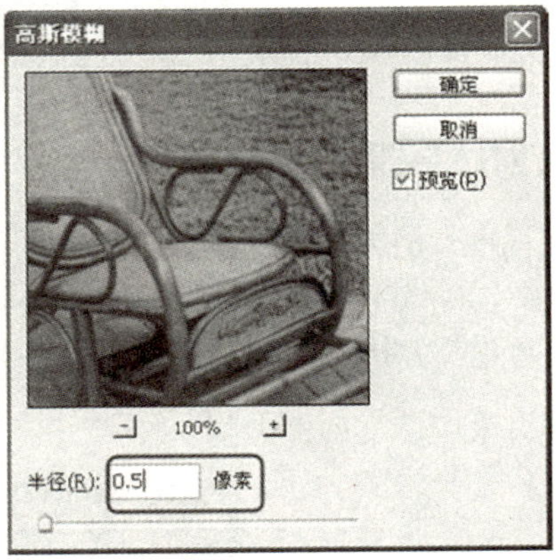

图 3-31 “高斯模糊”对话框

（6）单击“确定”按钮，设置高斯模糊。并将图层的混合模式改为“强光”，不透明度改为“80”，并添加图层蒙版，将需要恢复清晰的部分用画笔工具以黑色进行涂抹，如图 3-32 所示。

（7）调整后的效果，如图 3-33 所示。

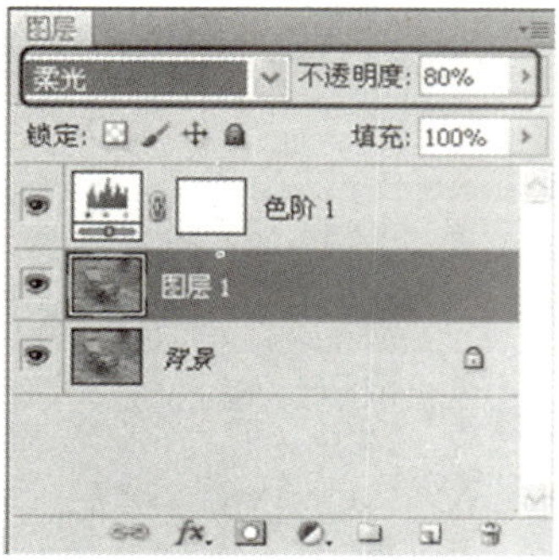

图 3-32　设置图层模式

图 3-33　调整后的效果

3.3　为照片添加水印和边框

使用 Photoshop 给商品图片添加边框、背景、水印，就是对自己的图片进行加工处理，主要目的是突出商品、防止图片被别人盗用和统一店铺风格。

3.3.1　为照片添加水印防止他人盗用

为了吸引顾客，卖家通常会用各种办法把店铺中的商品拍得更加漂亮，做了很多准备工作。可以说每一张商品图片都是卖家的劳动成果。但部分卖家直接盗用别人的图片，用在自己的店铺里，如果卖家一一举报，会浪费很多精力，最好的方法是为自己的图片添加水印。

（1）打开一张图像文件，如图 3-34 所示。

图 3-34　打开图像文件

（2）选择工具箱中的“横排文字工具”，在图片上输入文字“馨动家纺”，如图 3-35 所示。

（3）打开“图层”调板，将不透明度设置为“40%”，如图 3-36 所示，可以看到添加了一个水印。

图 3-35 “新建图层”对话框

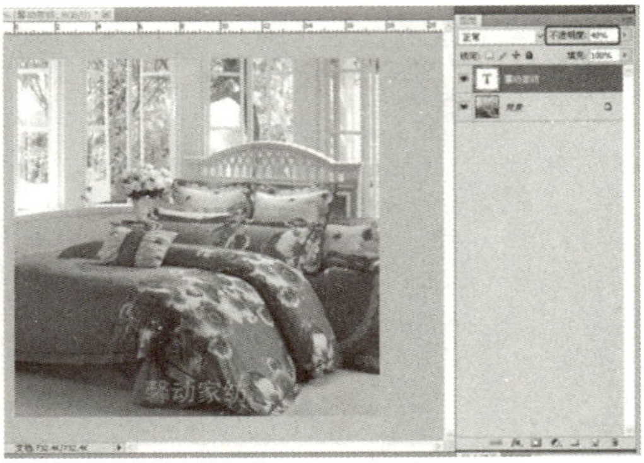

图 3-36 设置不透明度

3.3.2 为照片添加相框提高商品档次

光影魔术手是一个照片画质改善和个性化处理的软件。简单、易用，每个人都能制作精美相框、艺术照、专业胶片效果，而且完全免费。为照片添加相框的具体操作步骤如下。

（1）启动光影魔术手软件，如图 3-37 所示。

（2）单击“打开”按钮，在弹出的“打开”对话框中选择相应的图像文件，如图 3-38 所示。

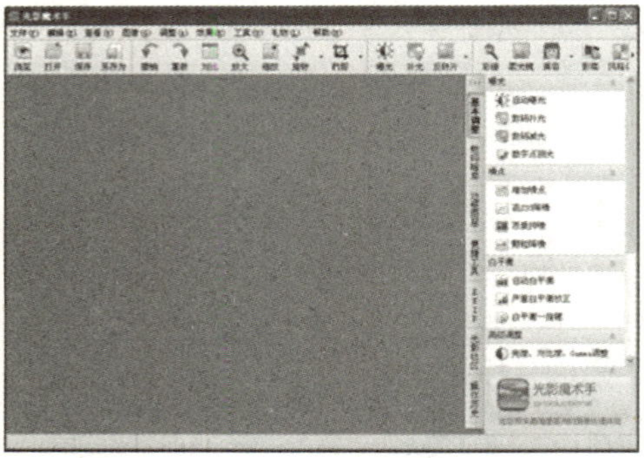

图 3-37 启动光影魔术手

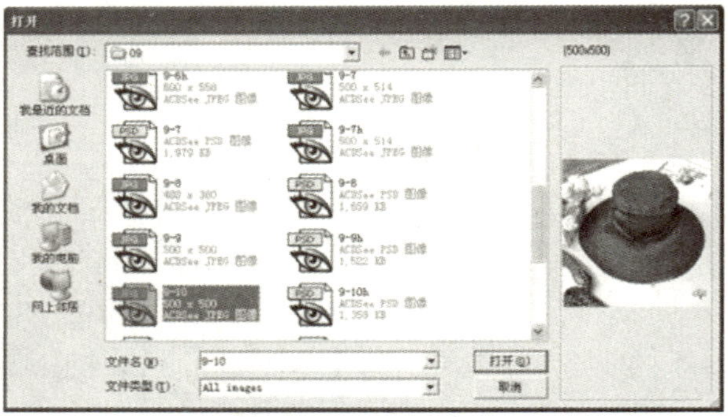

图 3-38 “打开”对话框

（3）单击右边的“边框图层”按钮，在弹出的列表中单击“花样边框”，如图 3-39 所示。

（4）弹出“花样边框”对话框，在该对话框中选择相应的边框样式，如图 3-40 所示。

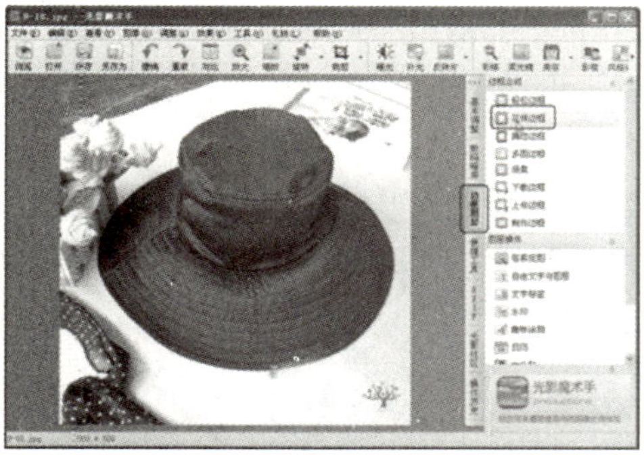

图 3-39　单击“花样边框”

图 3-40　“花样边框”对话框

（5）单击“确定”按钮，即可为图像添加边框，如图 3-41 所示。

图 3-41　添加边框

3.4　照片特殊效果处理技法

在使用 Photoshop 处理图片的过程中，经常需要用到“抠图”的方法将对象从背景中分离出来，这是一种十分重要并应该熟练掌握的技术。“抠图”的方法有很多种，如使用魔棒和套索工具法、蒙版抠图法、通道抠图法、路径抠图法、抽出滤镜等。

3.4.1　把照片中的产品抠出来

下面讲述利用“魔术棒”工具抠取图像，具体操作步骤如下。

（1）启动 Photoshop CS5，打开图像文件，选择工具箱中的“魔棒工具”，如图 3-42 所示。

（2）在工具选项栏中的“容差”文本框中输入合适的值。值越大，选取的颜色相差越大，反之，颜色相差得越小，视图片的具体情况而定，在这里设置成“32”。设置完毕后，使用“魔棒工具”在背景上多次单击，如图 3-43 所示。

图 3-42　打开图像文件

图 3-43　使用魔棒工具

（3）选择“选择”|“反向”命令，将图片中的瓶子选中，如图 3-44 所示。

（4）选择“选择”|“修改”|“羽化”命令，弹出“羽化选区”对话框，在“羽化半径”文本框中输入“1.2”，如图 3-45 所示。

图 3-44　反选图像

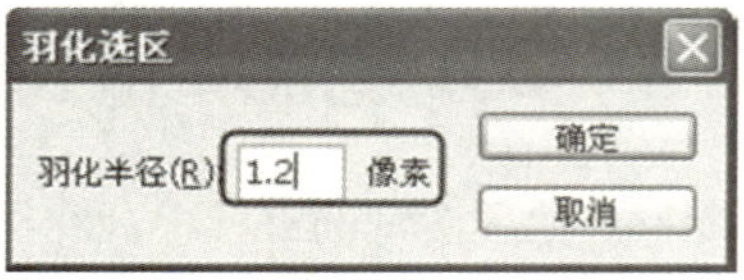

图 3-45　“羽化选区”对话框

（5）选择“文件”|“新建”命令，将“背景内容”设置为“透明”，如图 3-46 所示。

（6）单击“确定”按钮，新建透明文档。选择“编辑”|“粘贴”命令，将复制的图像粘贴到背景图像上。如图 3-47 所示。

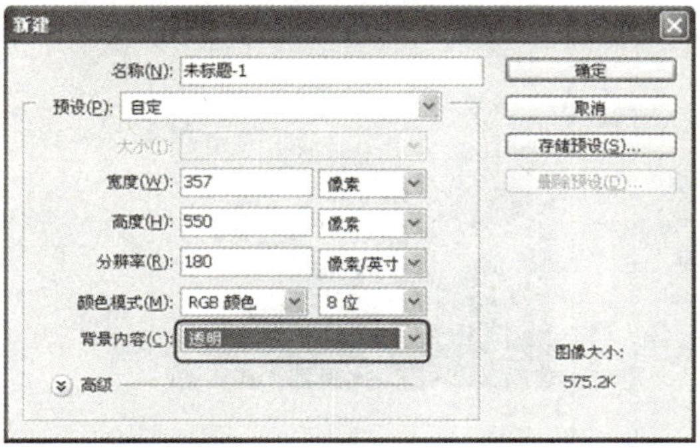

图 3-46　打开图像

图 3-47　粘贴图像

3.4.2　快速更换图片的背景

在 Photoshop 的工具栏中有一个“多边形套索工具”，使用它可以很容易地擦掉图片的背景部分，留下需要的景物，这样只要简单的几步就能给图片更换一个崭新的背景了。具体步骤如下。

（1）启动 Photoshop CS5，打开图像文件，选择工具箱中的“多边形套索工具”，如图 3-48 所示。

（2）在舞台中单击鼠标绘制所选的区域，如图 3-49 所示。

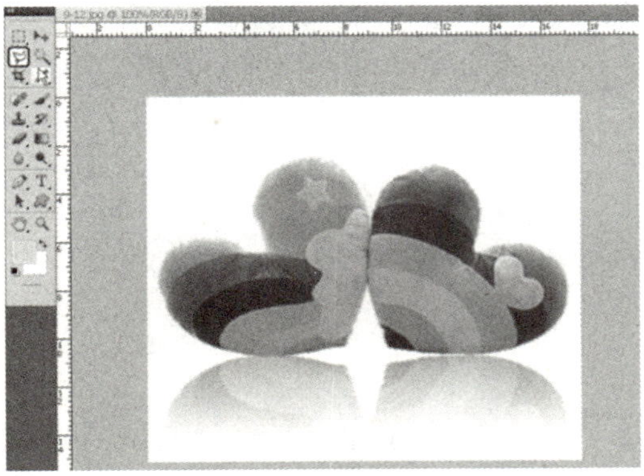

图 3-48　打开图像文件

图 3-49　选择区域

（3）选择“选择”|“反向”命令，反选图像，如图 3-50 所示。

（4）在二具栏中单击“背景色”按钮，弹出“拾色器”对话框，设置相应的背景色，如图 3-51 所示。

图 3-50　反选图像

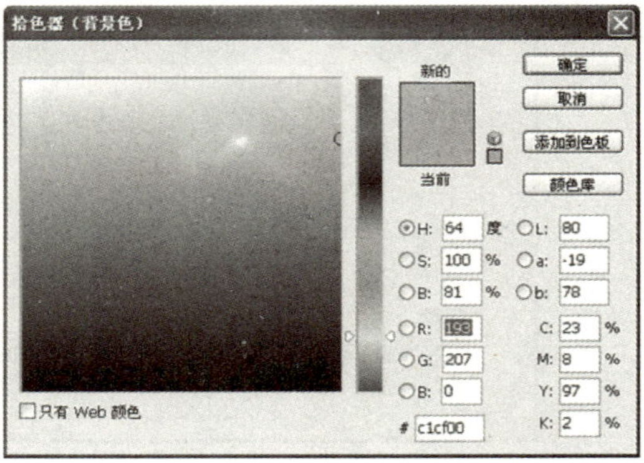

图 3-51　“拾色器”对话框

（5）单击“确定”按钮，设置背景颜色，如图 3-52 所示。

（6）按“Ctrl+Delete”组合键即可填充新背景，如图 3-53 所示。

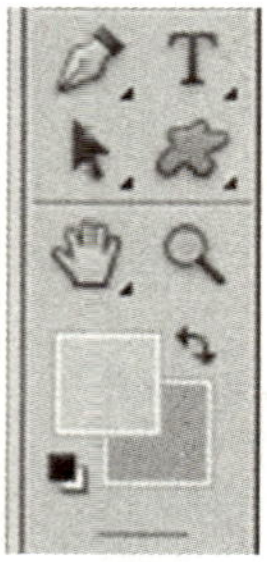

图 3-52　设置背景颜色

图 3-53　填充背景

3.4.3　给商品图片加圆角

为什么要做圆角呢？因为圆角比较柔和，不会像方角给人那么大的张力压迫感，整个图片看起来会比较顺眼。如何把图片做出圆角？具体操作步骤如下。

（1）启动 Photoshop CS5，打开图像文件，如图 3-54 所示。

（2）选择工具箱中的“钢笔工具”，选择“窗口”|“选项”命令，如图 3-55 所示。

图 3-54　打开图像文件

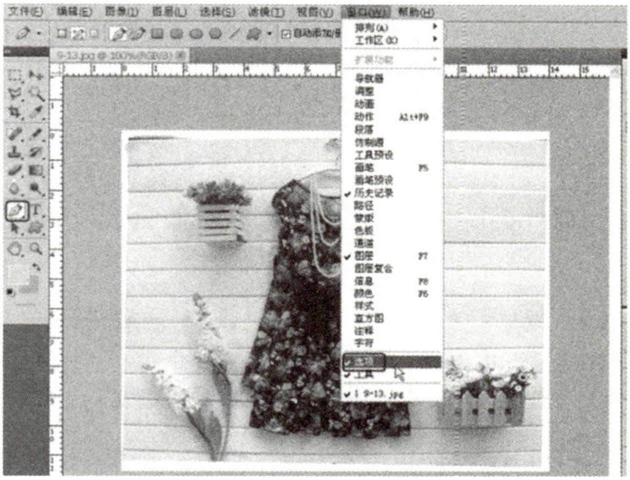

图 3-55　选择选项

（3）在选项工具栏中选取“圆角矩形工具”，将圆角的半径设置为 20，如图 3-56 所示。

（4）按住鼠标左键在舞台中绘制矩形，如图 3-57 所示。

图 3-56　选择圆角矩形工具

图 3-57　绘制矩形

（5）在矩形上面单击鼠标右键，在弹出的快捷菜单中选择“建立选区”命令，弹出“建立选区”对话框，在该对话框中将“羽化半径”设置为“0”，如图 3-58 所示。

（6）单击“确定”按钮，打开“图层”面板，在面板中选择“背景”图层，如图 3-59 所示。

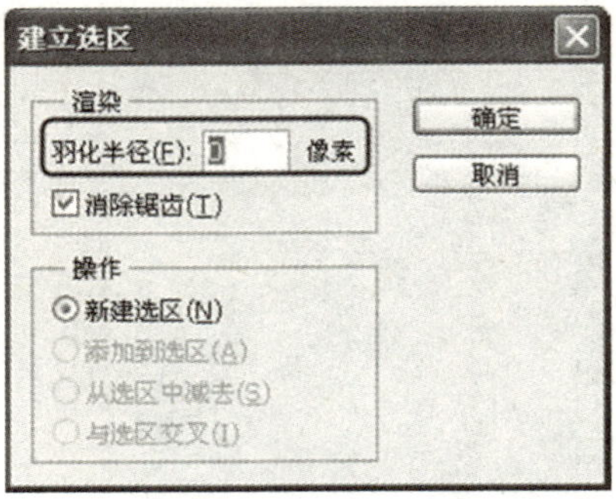

图 3-58 “建立选区”对话框

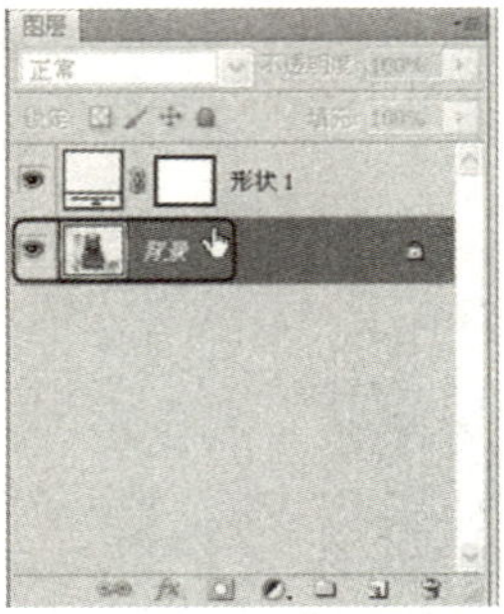

图 3-59 选择背景

（7）选择“选择”|“反选”命令，选择命令后的效果，如图 3-60 所示。

（8）选择“编辑”|“清除”命令，在图层上把刚刚建立的选区图层前面的眼睛闭上，这样就会看到做好的圆角图片了，如图 3-61 所示。

图 3-60 反选图像

图 3-61 效果图

3.4.4 制作闪闪发亮的商品图片

有的图片经过了特殊处理会闪闪发亮，显得非常气派，这是制作的 GIF 动画。下面使用 Photoshop CS5 制作闪闪发亮的商品图片，具体操作步骤如下。

（1）启动 Photoshop CS5，打开图像文件，如图 3-62 所示。

（2）在“图层”面板中双击“背景”图层，弹出“新建图层”对话框，如图 3-63 所示。

图 3-62　打开图像文件

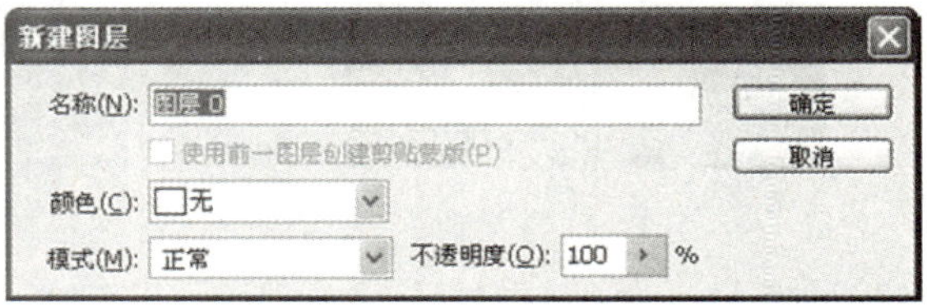

图 3-63　“新建图层”对话框

（3）单击“确定”按钮将其转换为普通图层。在工具箱中选择“画笔工具”，如图 3-64 所示。

（4）选择画笔以后，单击左上角的下拉三角按钮，弹出一列表，在该列表中设置“26 像素”，如图 3-65 所示。

图 3-64　选择画笔工具

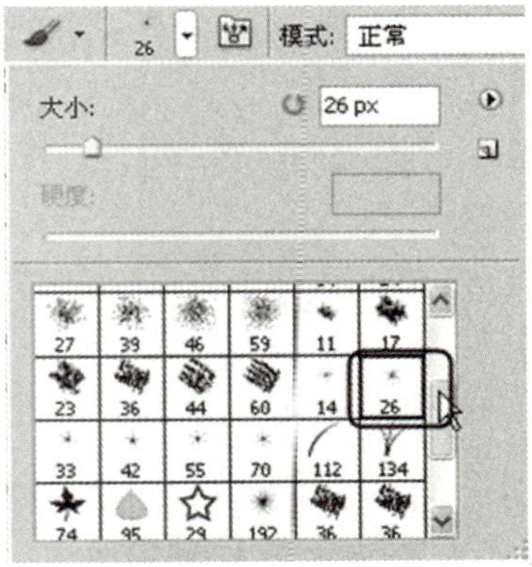

图 3-65　设置画笔

（5）调整画笔大小，然后就可以在图像中绘制形状了，如图 3-66 所示。

（6）每次在图片上用画笔，都要新建一个图层，方便做动态的效果，如图 3-67 所示。

图 3-66 绘制形状

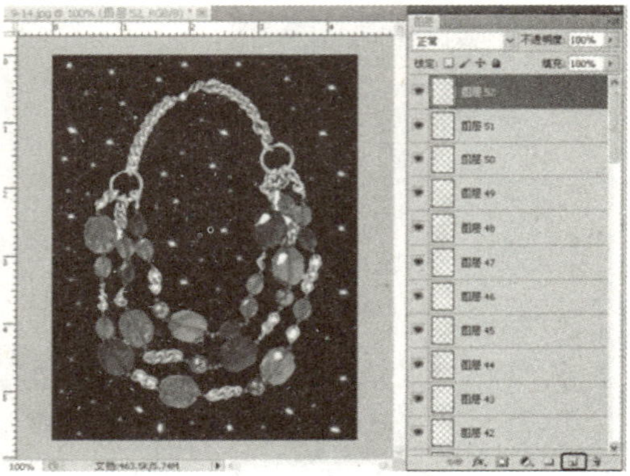

图 3-67 绘制形状

（7）选择“窗口”|“动画”命令，打开“动画”面板，如图 3-68 所示。

（8）只有一帧是不会闪的，单击“复制所有帧”按钮，将同一帧复制 5 张，如图 3-69 所示。

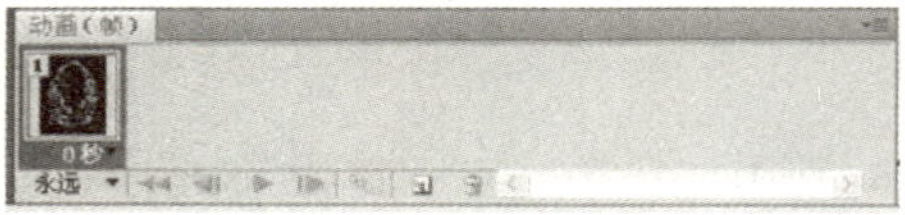

图 3-68 打开“动画”面板

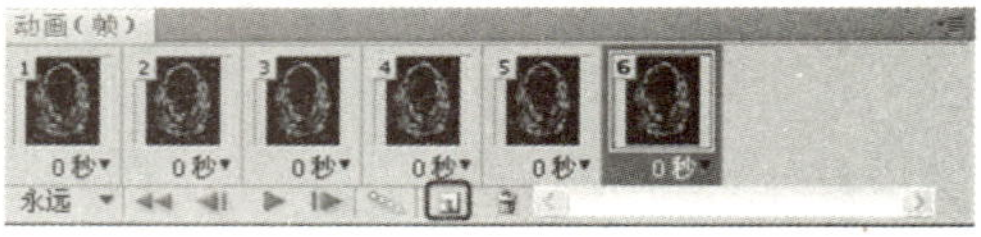

图 3-69 复制帧

（9）单击选择第一帧，从星星的第 1 个图层开始，单击相应的小眼睛让图层隐藏，直到最后一个星星图层。这样第一帧就设完了，如图 3-70 所示。

（10）单击第二帧，让第二帧里有相应的星星图层和背景可见，照此方法，将所有帧都设置好。调整每帧的显示时间，左键单击 0 秒就会出现时间选择列表，在其中选择“0.2”选项，如图 3-71 所示。

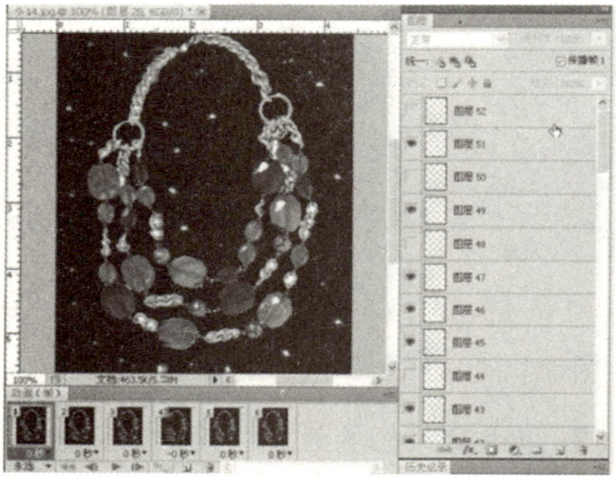

图 3-70 设置图层

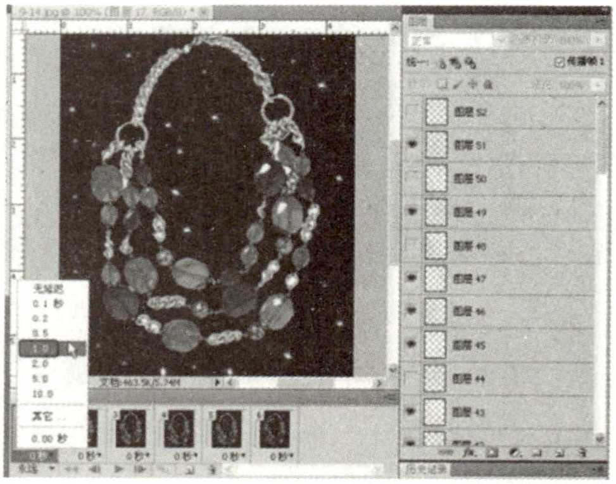

图 3-71 设置帧时间

（11）用同样的方法设置其余帧的时间，如图 3-72 所示。

（12）选择“文件”|“存储为 web 所用格式”命令，弹出“存储为 web 所用格式”对话框，将其存储为 GIF 格式的图像，如图 3-73 所示。

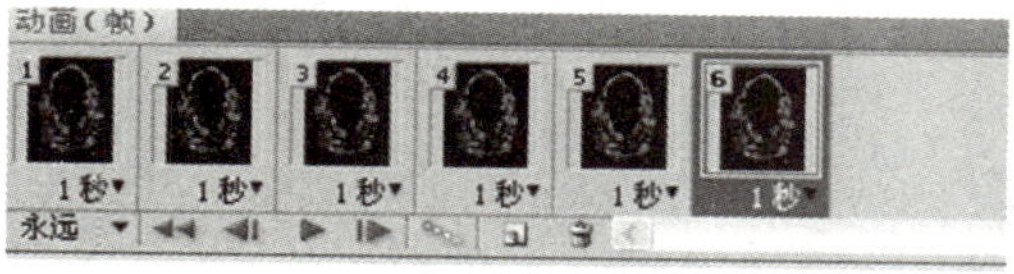

图 3-72　设置帧时间

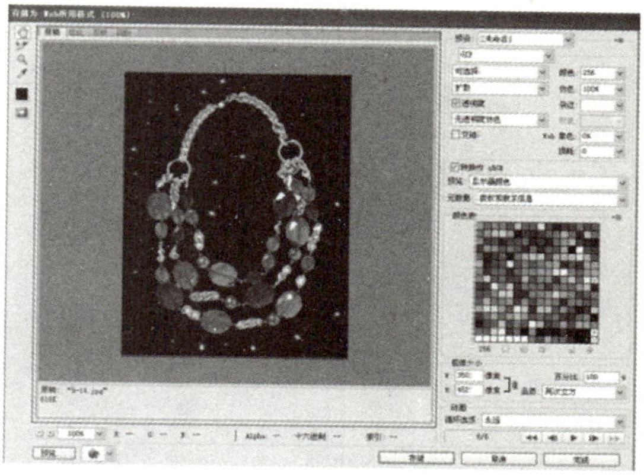

图 3-73　“存储为 web 所用格式”对话框

（13）单击“存储”按钮，弹出“将优化结果存储为”对话框，选择文件存储的位置，如图 3-74 所示。

（14）单击“保存”按钮，即可保存文档，如图 3-75 所示。

图 3-74　“将优化结果存储为”对话框

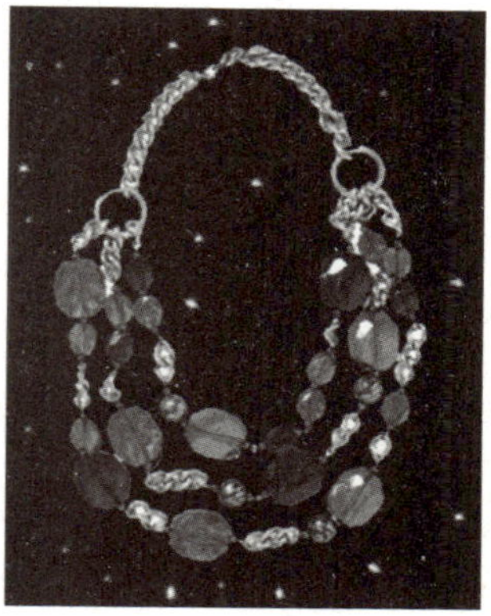

图 3-75　保存文档

3.5　一次性处理大量产品图片

在处理商品照片时，常常要同时处理几十张，那么，每一张都打开，调整图像大小或者曲线什么的再保存起来，要费很多时间和精力。下面就来详细讲述一下如何进行批处理，具体操作步骤如下。

（1）启动 Photoshop CS5，打开相应的图片文件，如图 3-76 所示。

（2）选择“窗口”|“动作”命令，打开“动作”面板，如图 3-77 所示。

图 3-76　打开图像文件

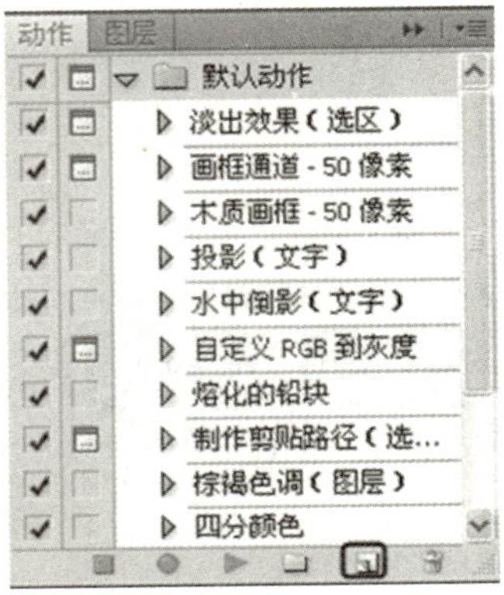

图 3-77　打开“动作”面板

（3）单击右下角的“创建新动作”按钮，弹出“新建动作”对话框，如图 3-78 所示。

（4）单击“记录”按钮，即可新建一个动作，如图 3-79 所示。

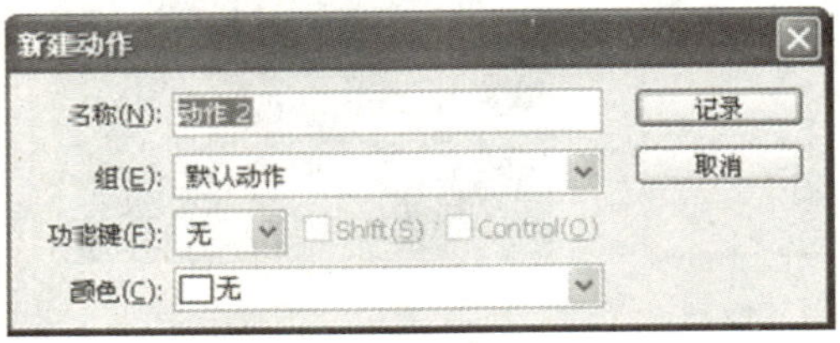

图 3-78　“新建动作”对话框

图 3-79　新建动作 2

（5）选择“图像”|“调整”|“变化”命令，弹出“变化”对话框，选择相应的样式，如图 3-80 所示。

（6）单击“确定”按钮，如图 3-81 所示。然后单击左下角的“停止播放/记录”按钮，停止记录。

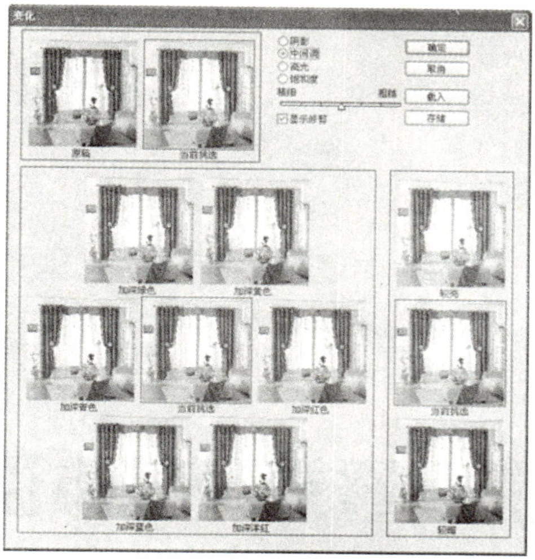

图 3-80　“图像大小”对话框

图 3-81　调整图像亮度

（7）选择“文件”|“自动”|“批处理”命令，弹出“批处理”对话框，单击“源”下面的“选择”按钮，在打开的“浏览”文件夹对话框中选择图像所在的位置，如图 3-82 所示。

（8）单击“确定”按钮，即可对文件中所有的图像亮度进行调整，如图 3-83 所示。

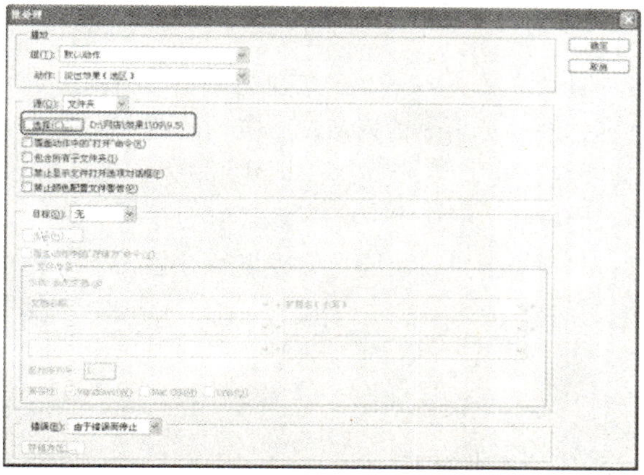

图 3-82　“批处理”对话框

图 3-83　批处理完毕

第 4 章

微店注册、登录及基本设置

开店指导

微店是继阿里巴巴、淘宝之后的又一个最先进的电子商务平台，它能把卖家们的淘宝店架设到微信公众平台上，让卖家们在微信上也有一个属于自己的网店！口袋购物是一家专注于手机购物的移动交易平台，是很多商家选择的手机开店软件。无门槛，零费用，支持 Android 和 IOS 手机。任何人通过手机号码即可开通自己的店铺，并通过一键分享到 SNS 平台来宣传自己的店铺并促成成交，让你随时随地做生意，担保交易保证安全。本章就讲述在微店平台的注册设置。

4.1 下载并安装微店

现在就给大家介绍一下手机下载和安装微店的方法，具体操作步骤如下。

（1）在手机上或在计算机上通过浏览器中输入 http://vdian.com/，进入微店平台，如图 4-1

所示。

（2）单击“免费开微店”按钮，提示正在下载软件，完成后，如图 4-2 所示。

图 4-1 输入网址

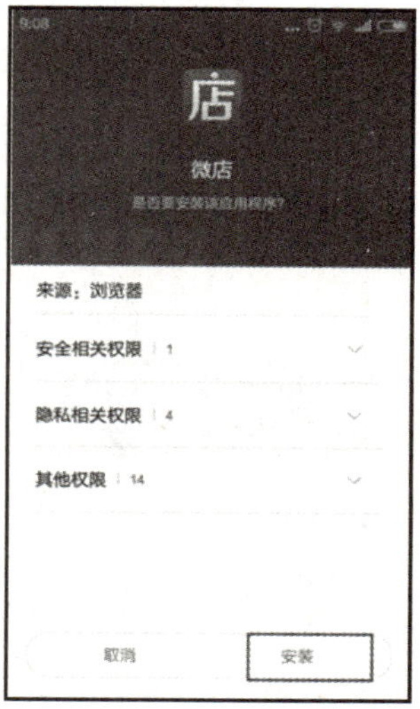

图 4-2 下载微店软件

（3）提示“是否要安装该应用程序？”单击底部的“安装”按钮，即可安装成功，如图 4-3 所示。

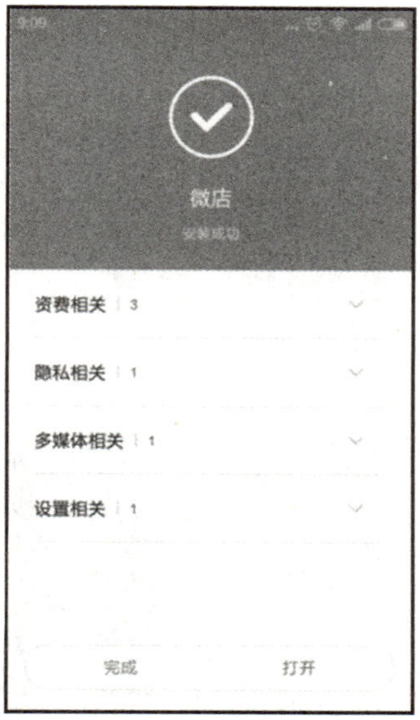

图 4-3 安装成功

4.2 注册自己的微店

要想开一个微店，首先需要注册微店，注册微店具体操作步骤如下。

（1）启动微店，单击“开始体验”按钮，如图 4-4 所示。

（2）单击“注册”按钮，如图 4-5 所示。

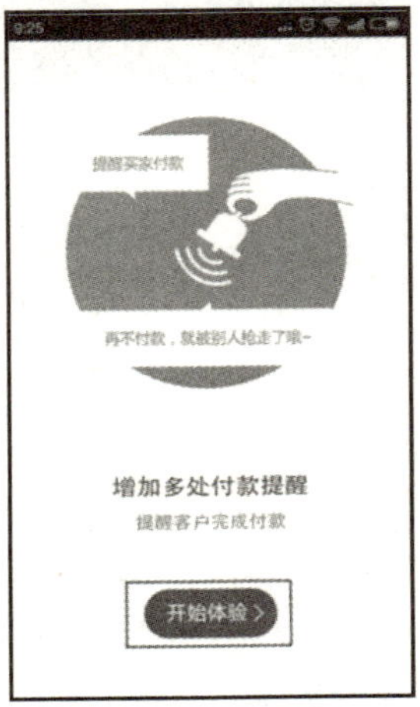

图 4-4　单击“开始体验”按钮

图 4-5　单击“注册”按钮

（3）输入手机号码，单击右上角的“下一步”按钮，如图 4-6 所示。

（4）收到微店发来的验证码短信，输入验证码，如图 4-7 所示。

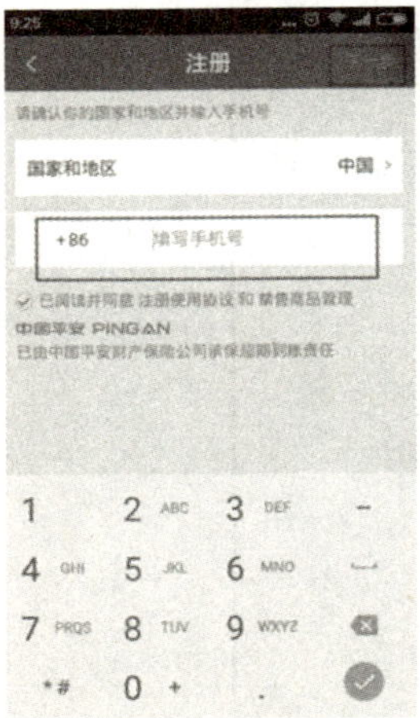

图 4-6　输入手机号码

图 4-7　设置密码页面

（5）单击“下一步”按钮，进入设置密码页面，输入要设置的密码，如图 4-3 所示。

（6）设置完密码后，单击“下一步”按钮，进入填写个人资料页面，填写个人的真实姓名和身份证号，如图 4-9 所示。

图 4-8　填写个人资料页面

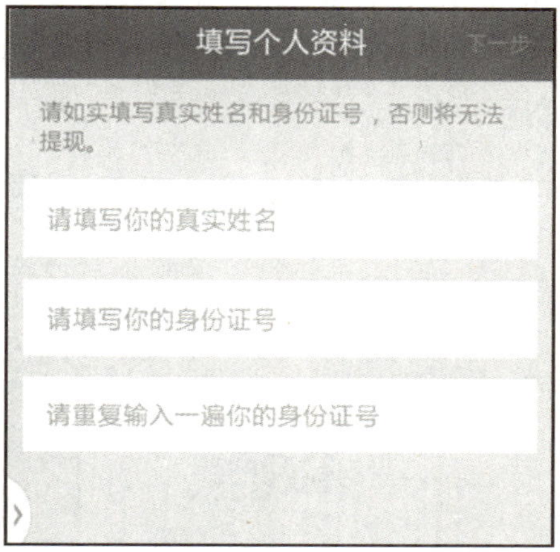

图 4-9　创建店铺

（7）填写完个人资料后，单击“下一步”，进入创建店铺页面，输入店铺的名称，如图 4-10 所示。

（8）创建完成的店铺，如图 4-11 所示。

图 4-10　创建店铺

图 4-11　创建完成的店铺

4.3 登录并查看微店

使用手机号码和密码登录，可以通过安装在手机上的微店程序登录，也可以通过微店网页版登录。如果忘记密码也没关系，只要先输入自己的手机号码，再单击“忘记密码”，手机就会收到一个六位数的验证码，然后就可以重新设置密码。

4.3.1 登录微店

现在越来也多的人选择一种新的创业方式—微店。也许新手开了一家微店，那该如何登录自己的微店去看看呢？

（1）启动微店，打开主界面，单击底部的“登录”，如图 4-12 所示。

（2）输入注册时填写的手机号，如图 4-13 所示。

图 4-12　启动微店

图 4-13　输入手机号码

（3）输入密码，单击右上角的“完成”，即可登录到微店，如图 4-14 所示。

图 4-14　登录到微店

4.3.2　微店的功能模块

登录之后，目前可以看到 12 个大的正方形色块，分别是："微信收款"、"我的微店"、"订单管理"、"销售管理"、"客户管理"、"我的收入"、"促销管理"、"我要推广"、"微店市场"、"我要分销"、"精选爆品"和"微店卖家版"。左下角是"消息中心"，右下角是"设置"，如图 4-15 所示。

图 4-15　微店

（1）微信收款。这里的微信收款不是说可以用微信支付。微信收款，其实是向微信好友收款，卖家设置好一个金额后，会自动生成一个付款链接，可以把这个链接发给微信好友，买家可以通过这个链接向卖家支付。

（2）我的微店。这是卖家常用的功能，可以查看添加商品信息。

（3）订单管理。这也是卖家常用的功能，主要是商品的订单管理。

（4）销售管理。销售管理有"成交订单"、"每日金额"、"每日顾客"及"每日收藏"的具体数据，如图 4-16 所示。单击相应的板块，如"每日金额"，还可以显示最近一个月的数据统计，如图 4-17 所示。

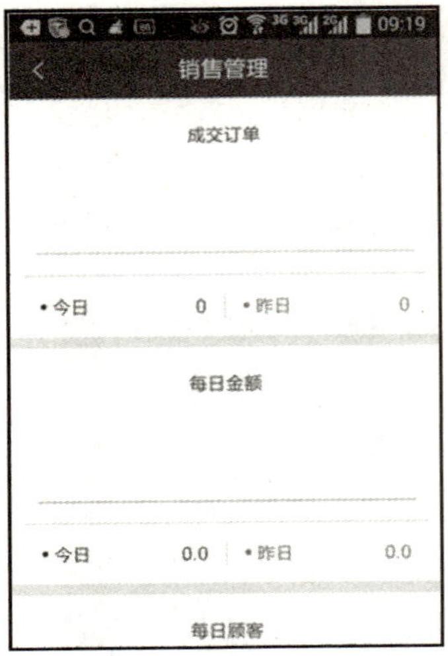

图 4-16　销售管理

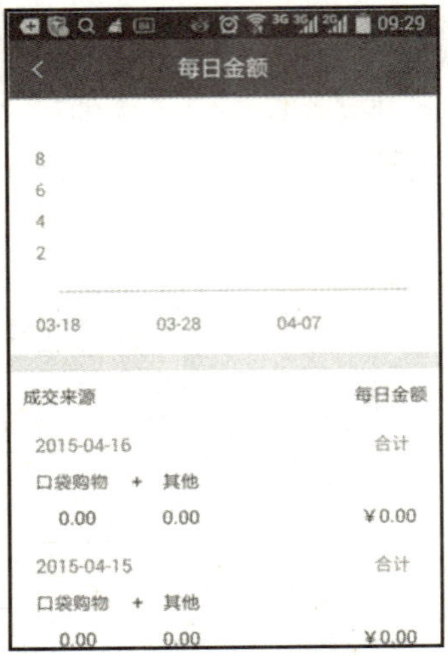

图 4-17　成交金额

（5）客户管理。在这里，卖家可以看到买家发生过多少笔交易，交易金额总共是多少，是用来维护客户尤其是老客户的，如图 4-18 所示。

（6）我的收入。在这里可以绑定卖家的银行卡，卖家的收入会在交易次日自动提现到该银行卡，一般是 1~2 个工作日到账。单击“我的银行卡”，如图 4-19 所示。

图 4-18　客户管理

图 4-19　我的收入

选择开户银行，填写两次银行卡号，如图 4-20 所示。

需要注意的是：银行卡仅支持储蓄卡，不支持信用卡。填写的银行卡的开户人姓名必须与注册时填写的姓名、身份证号一致，否则无法提现。

（7）促销管理。卖家可以设置一些私密优惠促销活动来吸引买家，只有收到活动链接的买家才可以享受相应的优惠，如图 4-21 所示。

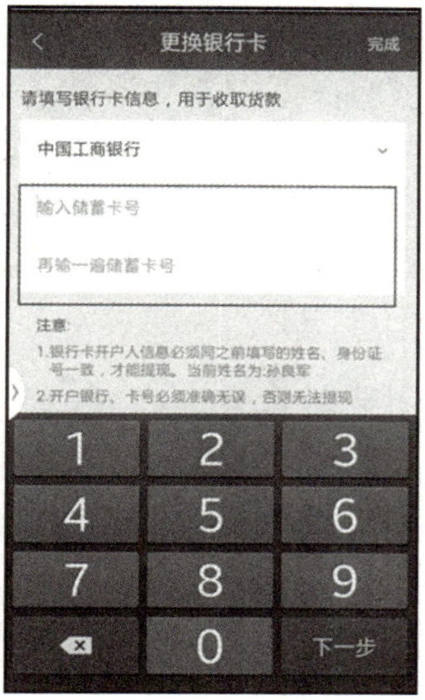

图 4-20　我的银行卡

图 4-21　促销管理

目前的私密促销活动就是折扣。比如，可以设置 9 折，生效时间和结束时间，如图 4-22 所示。

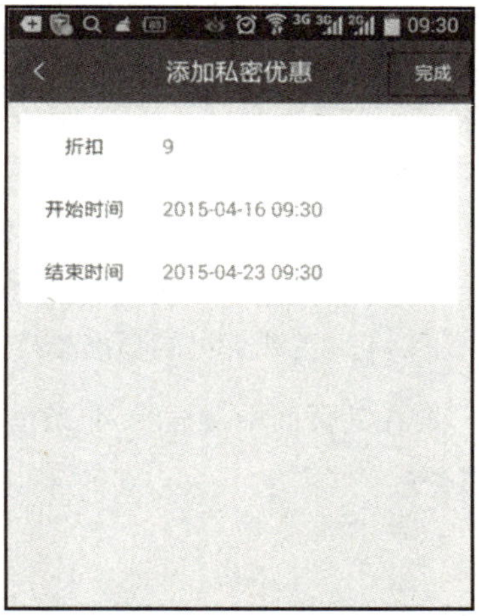

图 4-22　添加私密优惠

卖家可以把私密折扣优惠的链接分享出去，如图 4-23 所示。

卖家也可以随时删除私密优惠活动，如图 4-24 所示。

图 4-23　把私密折扣优惠分享出去

图 4-24　删除私密优惠活动

（8）我要推广。目前官方有五种推广方式：友情店铺、分成推广、口袋直通车、入驻市场和微店红包，如图 4-25 所示。

友情店铺：近似于友情链接，就是在卖家店铺的最底部出现其他微店的图文链接。

分成推广：推广者分享卖家店铺和店铺里的商品后，通过分享的链接发生交易之后，推广者就可以获得佣金。

口袋直通车：是口袋购物为广大商家推出的一种全新的个性化营销平台，是为广大商家量身定制的，按点击效果付费的营销工具，实现宝贝的精准推广。

入驻市场：单击“入驻市场”，在其页面中会显示 4 条信息，微店买家版、口袋购物、代购现场和今日半价，如图 4-26 所示。

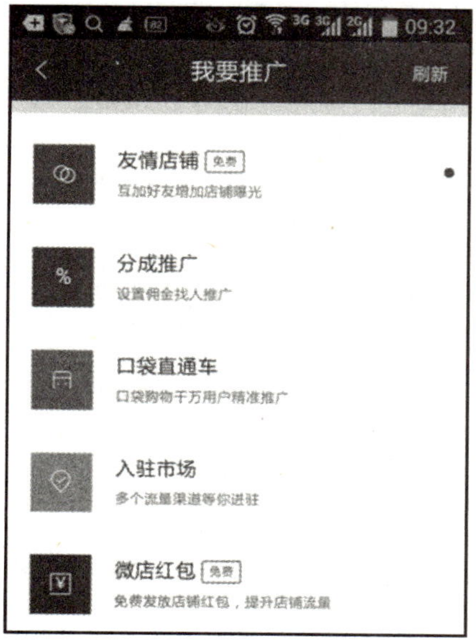

图 4-25　我要推广

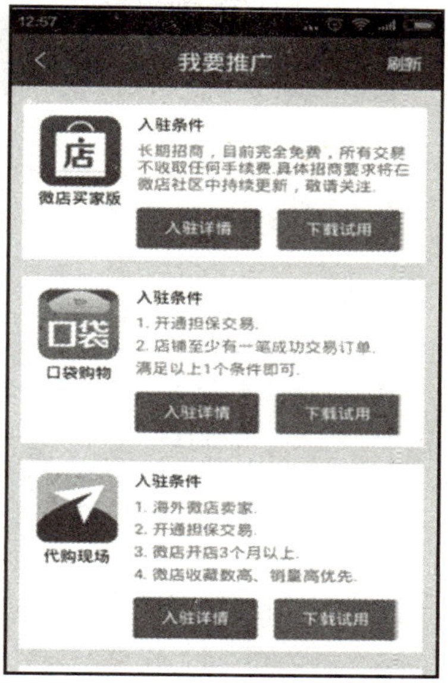

图 4-26　入驻市场

微店买家版入驻条件是，长期招商，目前完全免费，所有交易不收取任何手续费，具体招商要求将在微店社区中持续更新。

口袋购物的入驻条件是：（1）开通担保交易；（2）店铺至少有一笔成功交易订单。满足以上 1 个条件即可。

代购现场的入驻条件是：（1）海外微店卖家；（2）开通担保交易；（3）微店开店 6 个月以上；（4）微店收藏数高、销量高优先。

今日半价是根据开店时长、经营品牌知名度、品牌正品资质、店铺运营综合指标等条件邀约入驻。

微店红包：免费向买家发送红包来增加店铺流量。

（9）微店市场。单击“微店市场”，可以看到三个模块，转发分成，微店社区和附近微店。“转发分成”设置了有奖转发的店铺，让大家帮你推广。“微店社区”里有论坛、课程中心、同城商会、活动招商等。“附近微店”通过定位就可以知道你附近的店，如图 4-27 所示。

（10）我要分销。单击此按钮即可显示如图 4-28 所示。

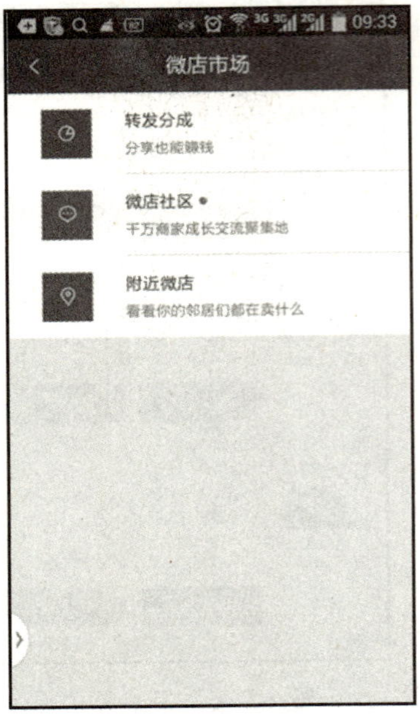

图 4-27　微店市场

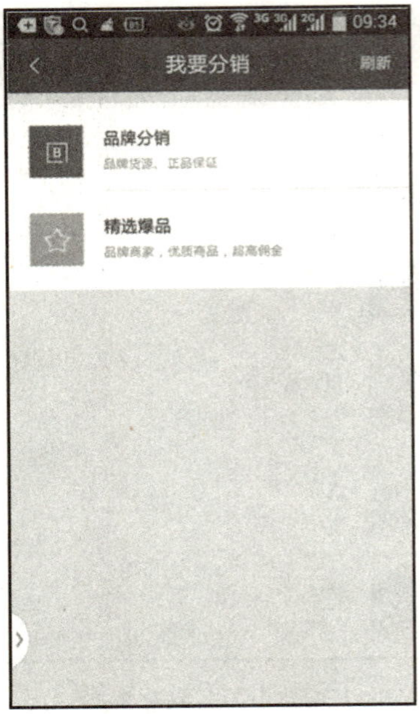

图 4-28　我要分销

（11）精选爆品，活动详情，如图 4-29 所示。

❶ 一键复制商品到分销商店铺。

❷ 分销商修改价格无效，顾客购买会转入品牌总店。

❸ 品牌总店负责发货和售后服务。

❹ 交易成功后，分销商获得佣金。

❺ 佣金查看：在微店 APP 内，通过“我的收入”模块查看分销分成收入。

（12）消息中心。“消息中心”是微店官方发布的消息窗口，卖家可以关注。在这里，微店官方会发布新功能的解读、微店运营技巧等内容，如图 4-30 所示。

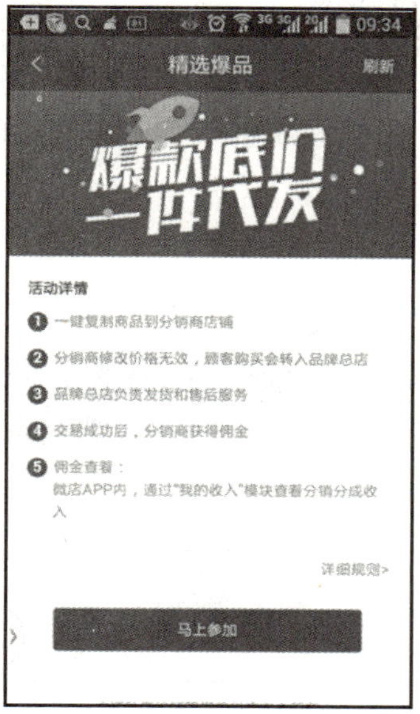

图 4-29　精选爆品

图 4-30　消息中心

（13）设置。这里的“淘宝搬家助手”很不错，淘宝卖家可以一键把自己淘宝店里的商品搬到微店，如图 4-31 所示。

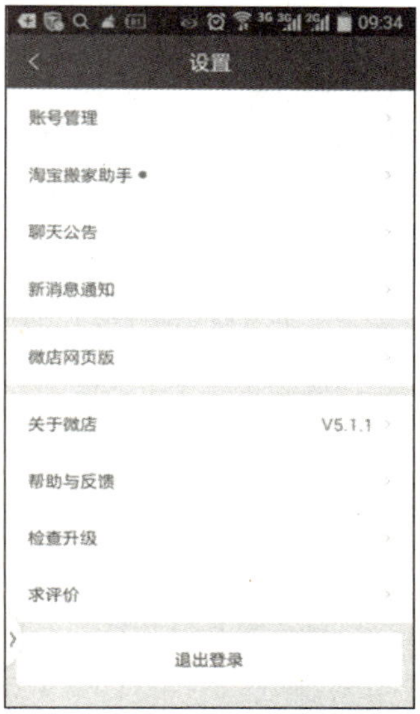

图 4-31　设置

4.4 微店基本设置

微店目前不限制店铺相关信息的修改。你可以修改店铺图标、店铺名称、微信号、店铺公告等，具体操作步骤如下。

（1）单击“我的微店”，如图 4-32 所示。

（2）在弹出的对话框中，单击店标右侧的“>”按钮，如图 4-33 所示。

图 4-32 单击“我的微店”

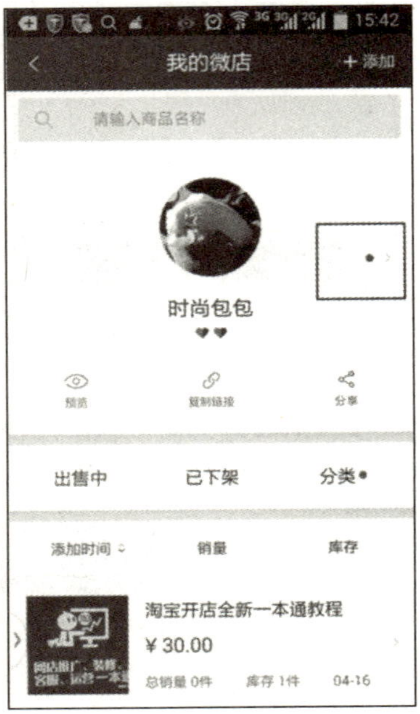

图 4-33 单击“>”按钮

（3）就进入“编辑店铺”的界面了。现在，就可以修改店铺相关的店标、店铺名称、微信号和店铺公告了，如图 4-34 所示。

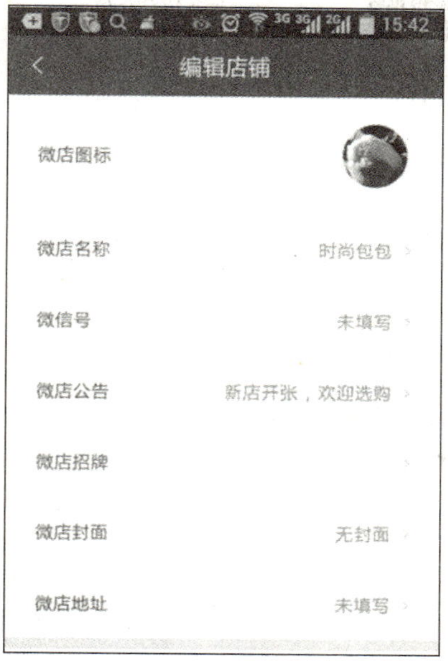

图 4-34　“编辑店铺”的界面

第5章

微店添加发布商品

开店指导

微店是零成本开设的小型网店，没有资金的压力，没有库存的风险，没有物流的烦恼，只需利用碎片时间和个人社交圈就可进行营销推广。在微店免费注册成功，就有了在开微店的基本资格，就可以发布商品卖东西了。在微店中卖家可以根据自己的宝贝类型和爱好选择店铺的风格。

5.1 商品优化

在手机上开微店，很多卖家的转化率不是很高，大部分原因是商品展示页面没有优化好打开微店，进入手机微店的批发市场，这里可以看到各行业优化的特别好的商品页面，可以通过在这里参考学习，快速掌握手机微店商品优化的技巧。经过学习可以了解到，商品的优化主要包括 3 个方面：语言优化、商品文案优化和商品图片优化。

语言优化。网络上面的语音风格往往是幽默和可爱的，这样会更容易让人接受。所以我们在描述的时候尽量幽默俏皮。我们可以增加一些表情，效果会不错。还有一些店铺的活动要尽量提醒一下，比如包邮，促销等。如果不提醒，很多买家会忘记这些，如图 5-1 所示。

商品详情文案优化。关键就是描述客户想要的。文案要包括：商品名称、规格、保质期等，还附上高清大图。如果是吃的，大家会很关心原料和产地。这些尽量也要在描述中展示出来。最后还可以描述一些客户的评价和使用后的见证。总之一句话就是：描述出客户想要的信息，让客户对商品产生兴趣，如图 5-2 所示。

图 5-1　语言优化

图 5-2　商品详情文案优化

商品图片优化。图片关键是要让人觉得真实。如果不是很美观，可以用美图软件处理一下，能够刺激顾客的眼球，如图 5-3 所示。

对于衣服鞋子一类的商品，最好是用真人来展示，用真人当模特，效果会非常不错。这样显得更加真实，如图 5-4 所示。

图 5-3　商品图片优化

图 5-4　衣服

5.2　如何添加商品

注册成功后，先发布商品，店铺里面有宝贝，才可以开张。还需要为宝贝取个好名字，是为了买家能更好地搜索到和吸引买家对宝贝产生一定的兴趣，并随之购买，来增加店铺的交易量。

5.2.1　商品图片

一张漂亮的图片可以让店铺的宝贝脱颖而出，可以为店铺的宝贝带来人气；可以让买家心情愉悦；可以让买家怦然心动。

开微店有别于日常的面对面交易，买家难于亲身感受商品的质地、做工、细节及其他商品的特点，在这种大环境下，商品图片就变得至关重要了。图片的好坏直接关系到交易的成败，一张好的商品图片能向买家传递很多东西，能反映出商品的类别、款式、颜色、材质等基本信息。在这个基础上，要求图片要拍得清晰、主题突出以及颜色还原准确。

手机登录微店之后，打开“我的微店”，单击右上角的“添加”，如图 5-5 所示。就进入了添加商品的具体页面，必须填写的有四项：商品图片、商品描述、商品价格、商品库存，还有一个选填项，就是“添加型号”，如图 5-6 所示，单击“+”按钮。

图 5-5　打开“我的微店”

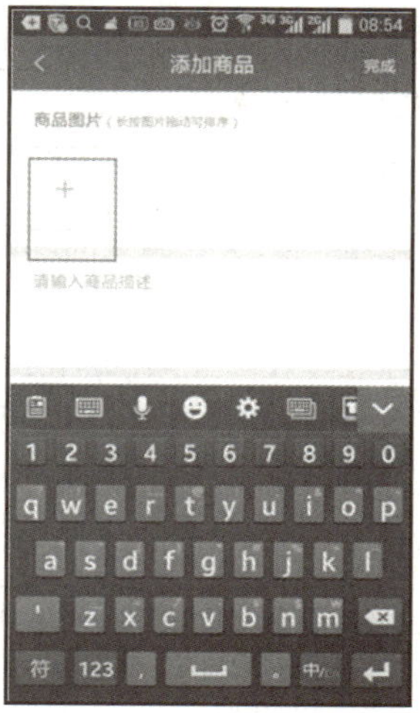

图 5-6　添加商品页面

打开如图 5-7 所示的选择图片界面，选择要上传的图片，单击右上角的“完成”按钮，即可添加商品图片，如图 5-8 所示。

图 5-7　选择图片界面

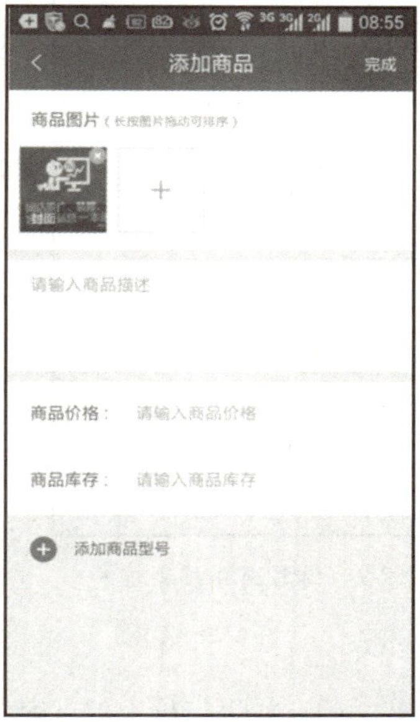

图 5-8　添加商品图片

5.2.2　商品描述

新手卖家常常忽略商品描述殊不知商品描述的详尽程度关系着商品的成交量。新手卖家往往急于将商品上架，但是急急忙忙将商品上传到微店以后，就会带来理想的效果吗？事实上并非如此，店铺的生意依然平平，偶尔来一两个人咨询，成交量也很低。如果你也属于这种情况，那么你需要端正自己的态度，认认真真地花一些时间在商品描述上。

在网上购物，影响买家是否购买商品的一个重要因素就是商品描述，很多卖家会花费大量的心思在商品描述上，好的商品描述可以节省大量回答顾客提问的时间，更可以留住不想找你咨询的“懒惰”顾客。多花一些时间原创属于你自己的全面而又精彩的描述，相当于你请了十个客服，能让你节省十倍的时间去做更多事情。每写一个成功的商品描述就是一次营销，要让看到商品描述的人觉得这就是他一直想要的商品。你需要用尽一切办法为你的潜在客户寻找一个购买的理由，给他们一个合理的“借口”，让他们心甘情愿地购买你的商品。

接上一节填写商品描述信息，如图 5-9 所示。在文本框中输入商品描述信息，如图 5-10 所示。

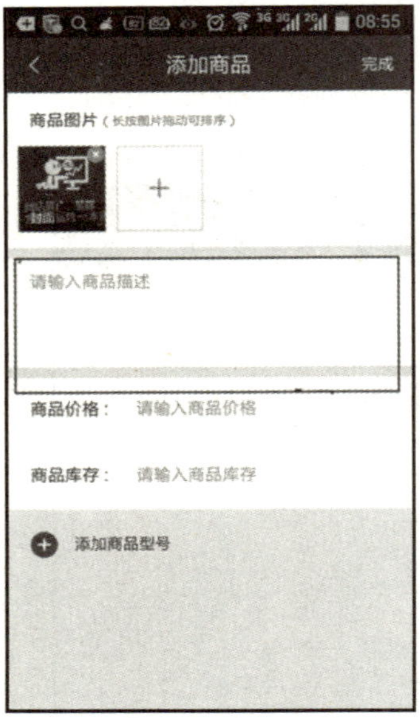

图 5-9 填写商品描述信息

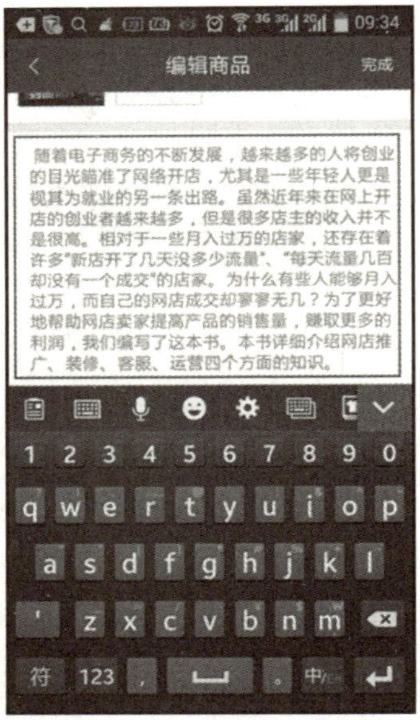

图 5-10 输入商品描述信息

5.2.3 商品价格

商品定价大有学问，如果定价太低，容易让买家对商品的质量产生怀疑。因为买家看不到实物，价格定得过低，买家会认为便宜没好货，怕上当受骗。而且定价低利润也低，卖出去了无利可图，表面看店铺生意兴隆，其实亏损严重。如果定价太高，利润能得到保证，但是买家却被吓跑了，卖家不仅难以获得期望的利润，而且不利于打开市场。

为商品定价时应该考虑市场上同类商品是如何定价的，仔细权衡后，再为自己的商品定价。商品定价的价格，直接决定着消费者购买的意愿及数量。如果商品价格具有一定的吸引力，此商品的销售数量就会大大增加。

在商品描述的下面就可以填写商品价格了，如图 5-11 所示。在“商品价格”文本框中输入商品价格，如图 5-12 所示。

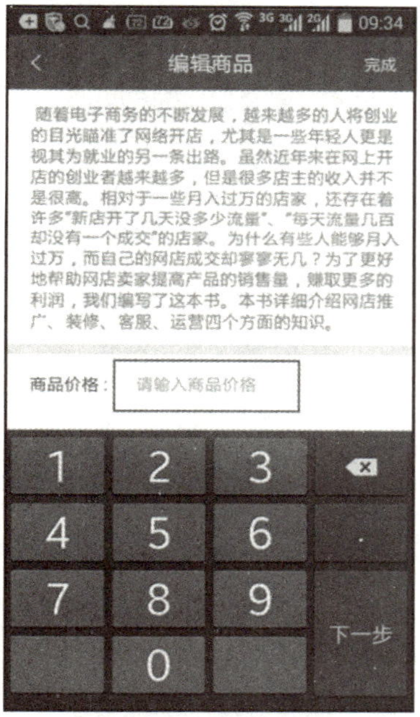

图 5-11 输入商品价格

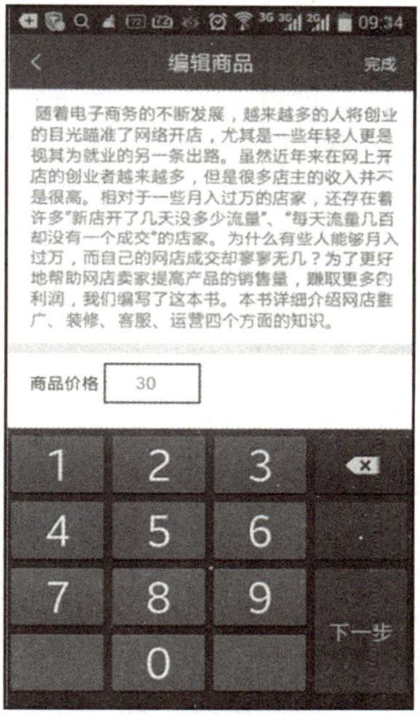

图 5-12 输入商品价格

5.2.4 商品库存

在商品价格的下面可以设置商品库存，如图 5-13 所示。在“商品库存”后面的文本框中输入库存数量，如图 5-14 所示。

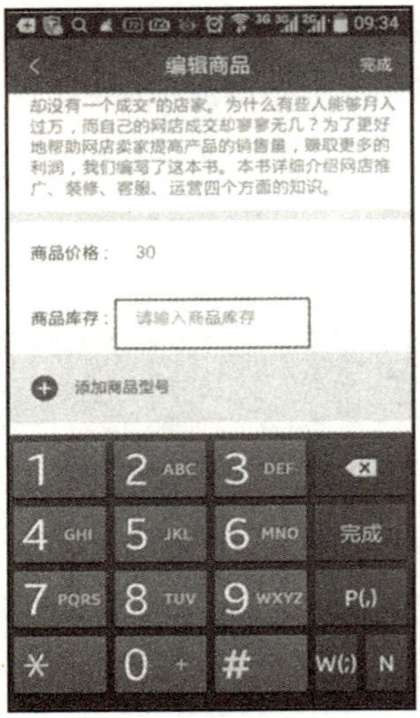

图 5-13　设置商品库存

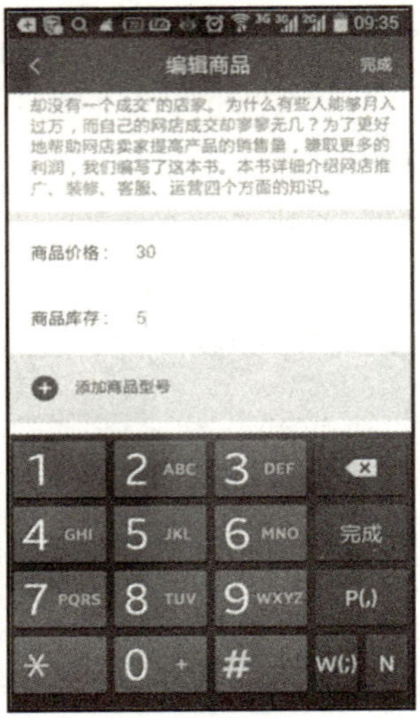

图 5-14　输入库存数量

5.2.5　商品型号

所谓的商品型号是指商品上用来识别产品的编号，不同的产品其商品型号不同，商品型号名也不同。

接上一节，单击如图 5-15 所示的“添加商品型号”按钮。

在打开的界面中即可添加商品型号，如图 5-16 所示。

图 5-15　单击“添加商品型号”按钮

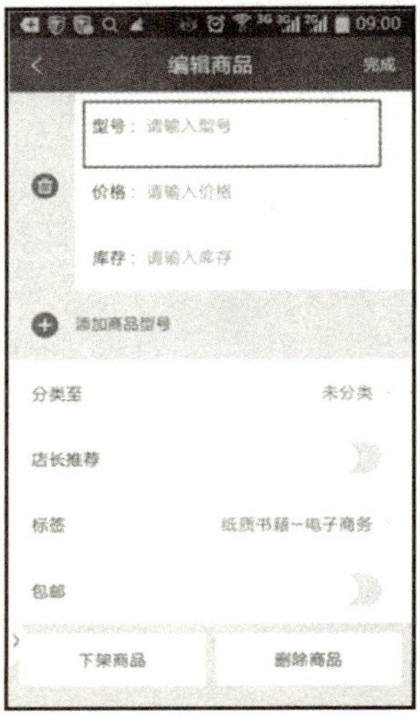

图 5-16　添加商品型号

5.2.6 对商品进行分类

合理的商品分类可以使店铺的商品类目更加清晰，方便卖家和买家快速浏览与查找自己想要的商品。如果店铺发布的商品数目众多，那么合理的分类显得尤为重要。好的店铺分类，将会大大方便买家进行针对性浏览和查询，从而提高成交量。

下面对商品进行分类，如图 5-17 所示。单击“分类至”。打开如图 5-18 所示的界面，单击并选择相应的分类，单击“确定”按钮即可进行分类。如果没有进行过分类，单击“新建分类”按钮，如图 5-18 所示。

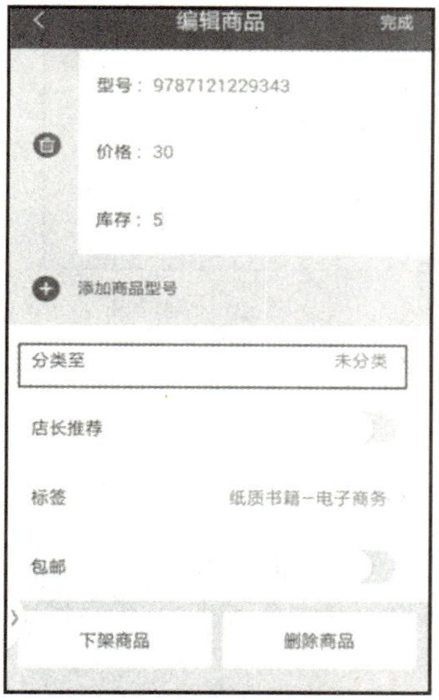

图 5-17 对商品进行分类

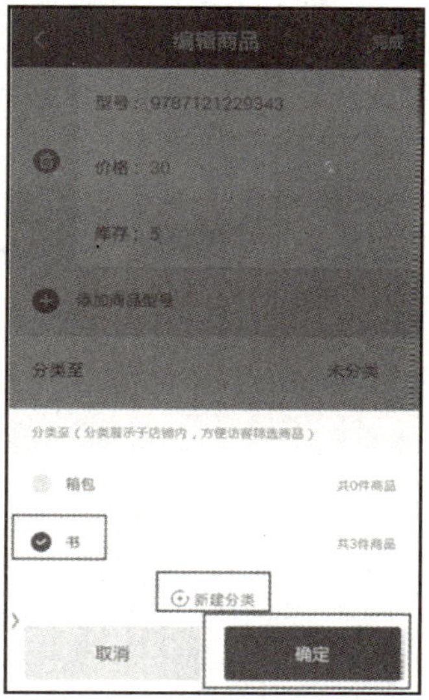

图 5-18 对商品进行分类

5.2.7 删除商品

打开如图 5-19 所示的界面。输入分类名称，单击“确定”按钮即可分类。

如果不想要这件商品了，删除就可以了，接上一节，单击界面底部的“删除商品”按钮，如图 5-20 所示。

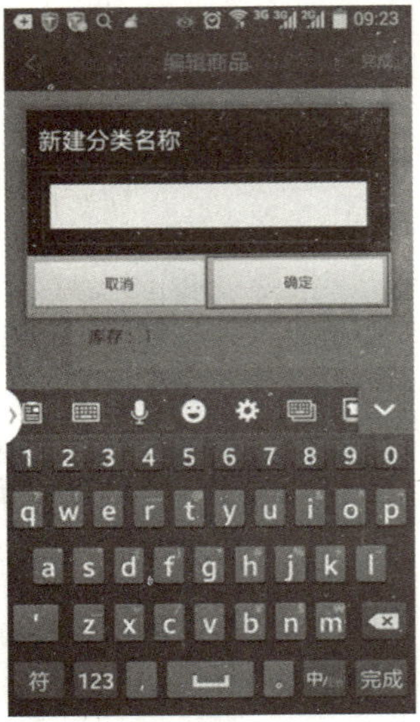

图 5-19　新建商品分类

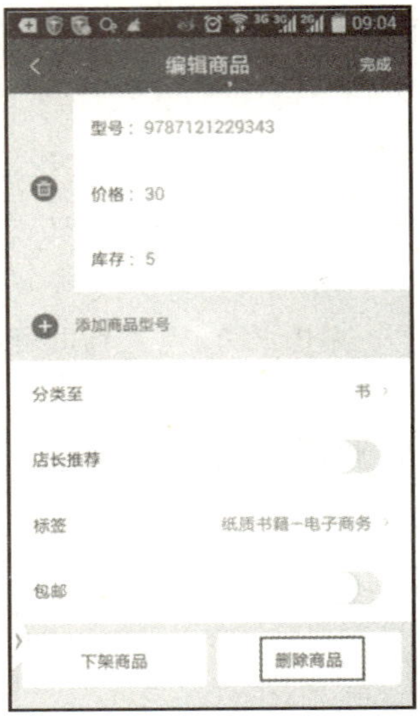

图 5-20　删除商品

打开如图 5-21 所示的界面。单击“是”按钮即可删除商品。

也可以在商品列表中单击并选择商品后，系统会自动弹出如图 5-22 所示的对话框，单击“是”按钮也可以删除商品。

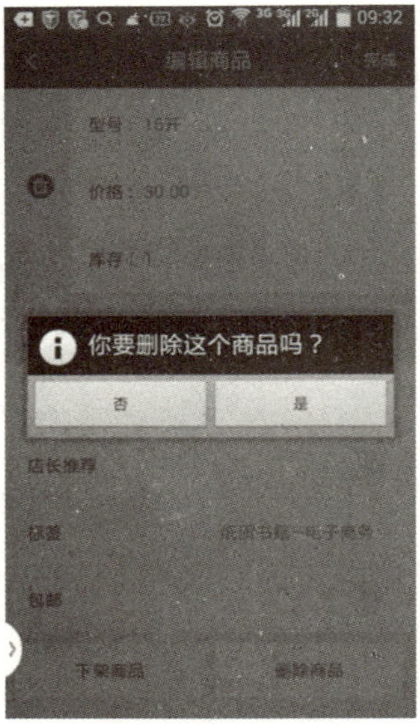

图 5-21　删除商品

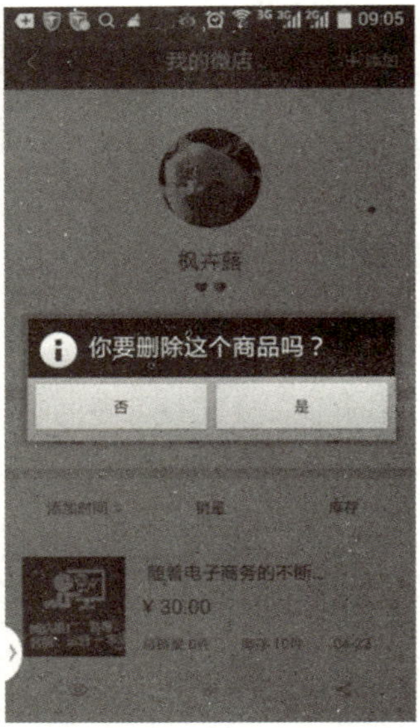

图 5-22　删除商品

5.3　使用店长推荐展示商品

使用店长推荐展示的商品会出现在店铺的顶部优先显示，在该商品的左上角会出现一个红色的“荐”字样，如图 5-23 所示。

单击想要推荐的商品，打开如图 5-24 所示的界面。

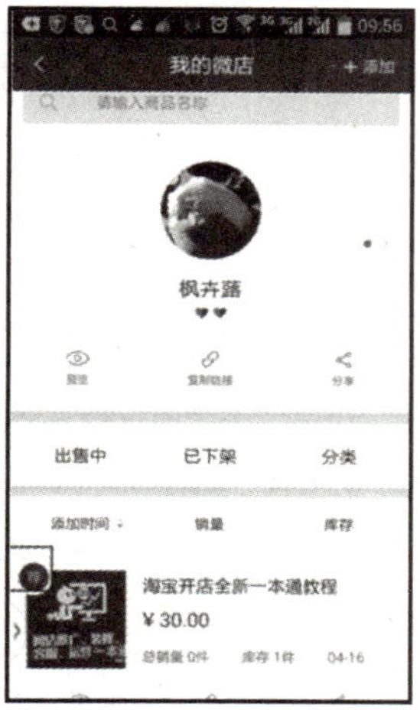

图 5-23　店长推荐展示商品

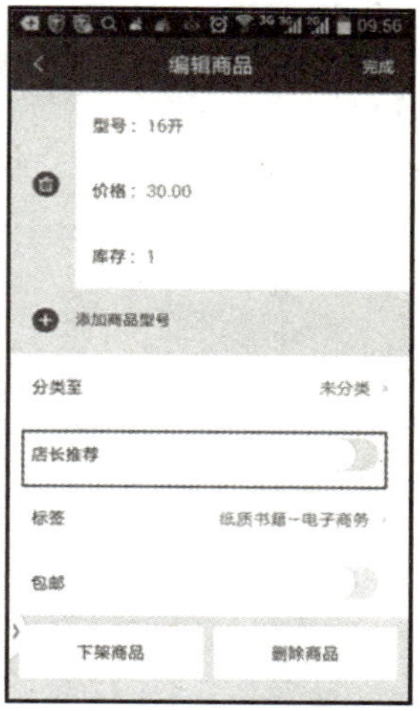

图 5-24　单击想要推荐的商品

即可推荐成功，如图 5-25 所示。

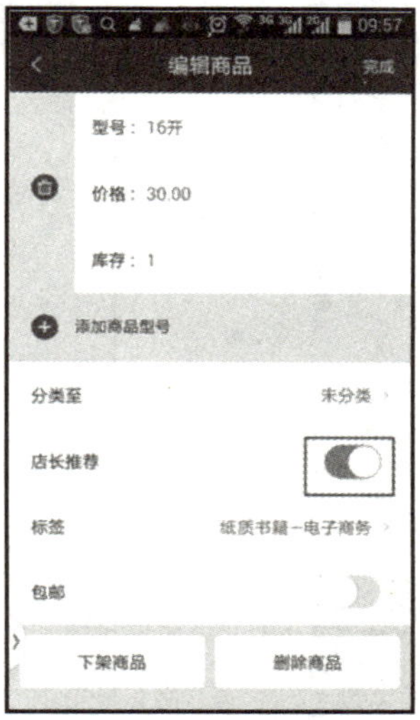

图 5-25　店长推荐

5.4 网页版微店

用腾讯推出的 QQ 浏览器微信版（微信浏览器）进行登录时保留了网页版微信通过二维码登录的方式，但是微信界面将不再占用单独的浏览器标签页，而是变成左侧的边栏。这样方便用户浏览网页的同时，使用微信。

（1）在百度中搜索“微信网页版”，如图 5-26 所示。

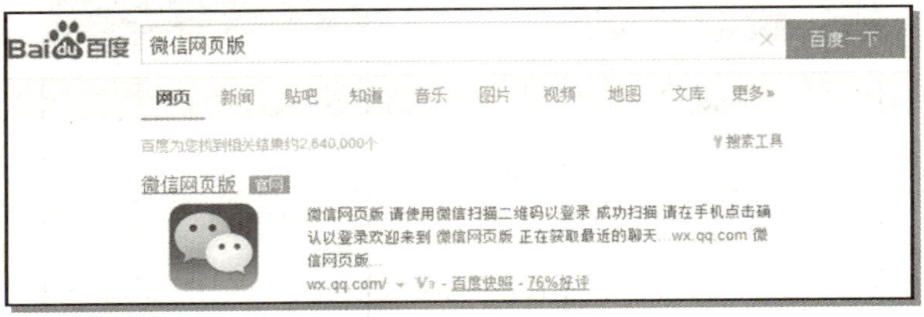

图 5-26　在百度中搜索“微信网页版”

（2）单击“微信网页版”超链接，弹出如图 5-27 所示的页面。使用手机微信扫描二维码进入。

（3）即刻显示如图 5-28 所示的界面，单击“登录网页版微信”按钮即可登录网页版微信，如图 5-29 所示。

图 5-27　用手机微信扫描二维码

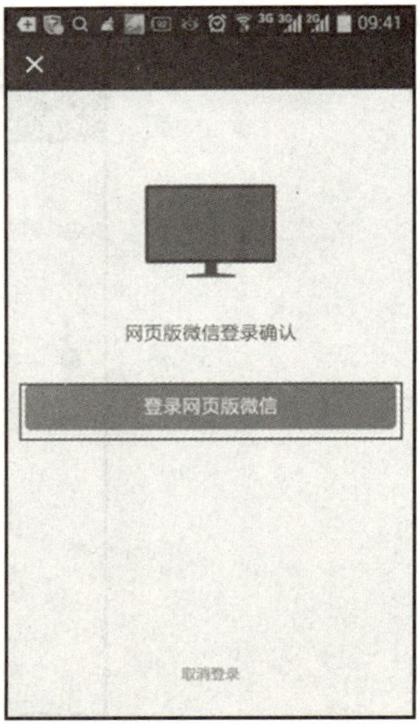

图 5-28　登录网页版微信

图 5-29　登录到网页版微信

第 6 章

订单管理及售后

开店指导

订单管理是客户关系管理的有效延伸，能更好地把个性化、差异化服务有机的融入到客户管理中去，能推动经济效益和提升客户满意度。售后服务和商品的质量同等重要。好的售后服务会带给买家非常好的购物体验，可能使这些买家成为店铺的忠实用户，以后经常购买店铺内的商品。

6.1 查看未付款订单并与买家进行沟通

未付款订单指买家已经拍下商品，但尚未付款的订单。对于一个微店人员来说，订单列表中出现未支付订单是一个常见的现象。具体操作步骤如下。

（1）使用手机登录到微店，单击“订单管理”按钮，如图 6-1 所示。

（2）进入到“订单管理”界面，单击“进行中”，在其菜单中单击“待付款”按钮，如图

6-2 所示。

图 6-1　单击“订单管理”按钮

图 6-2　单击“待付款”按钮

（3）在这里可以查看到订单号和收货人，单击订单，如图 6-3 所示。

（4）可以查看到订单详情，单击“提醒买家”按钮，如图 6-4 所示。

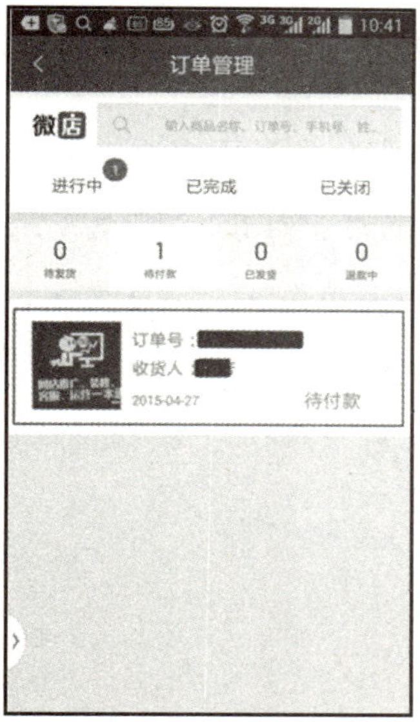

图 6-3　单击订单信息

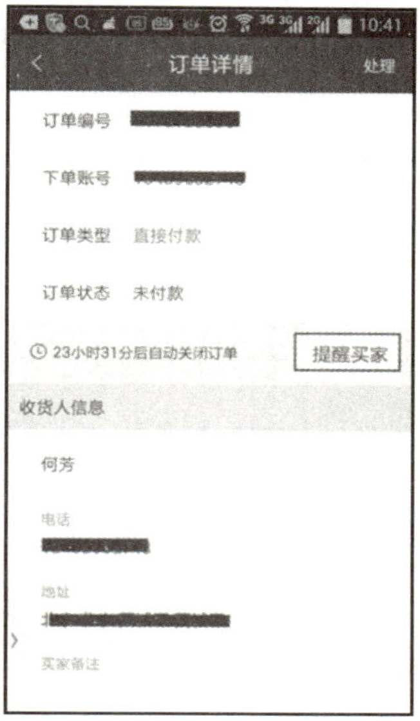

图 6-4　单击“提醒买家”按钮

（5）即可弹出提示框，提示“买家可登陆 http://i.weidian.com 继续付款。已将提示信息复制到剪贴板，你可以直接粘贴发送给买家。”单击“确认”按钮，如图 6-5 所示。

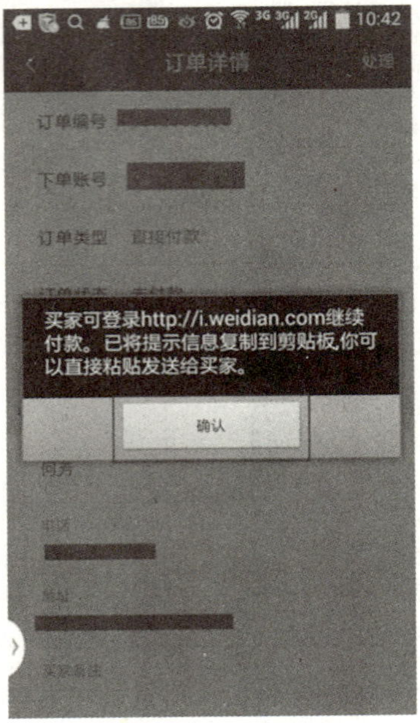

图 6-5　提示框

6.2　查看待处理订单并为买家发货

买家付款后，需要店主为买家及时发货，在微店为买家发货的具体操作步骤如下。

（1）收到短信通知，提示买家已付款，请及时发货，如图 6-6 所示。

（2）登录到微店，单击“订单管理”，进入到“订单管理”界面，如图 6-7 所示。

（3）查看订单详情，如图 6-8 所示。

（4）单击顶部的“处理”按钮，在其菜单中单击“发货”选项，如图 6-9 所示。

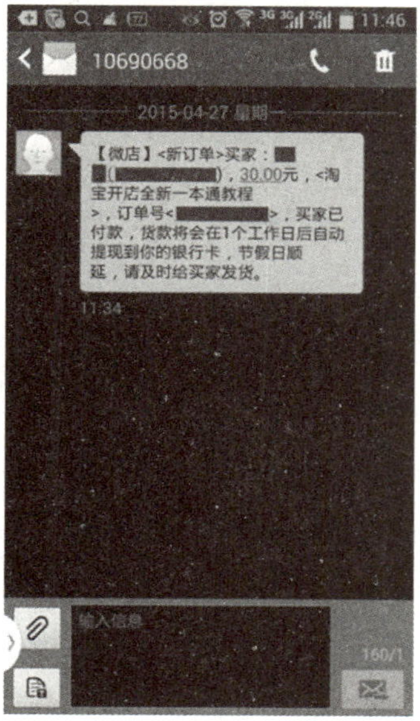

图 6-6　短信通知

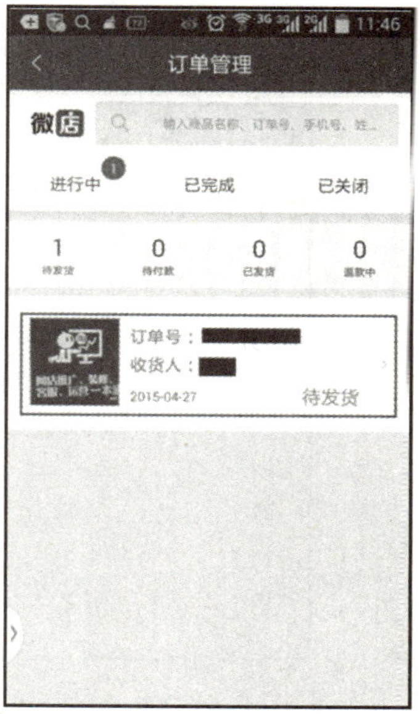

图 6-7　订单管理

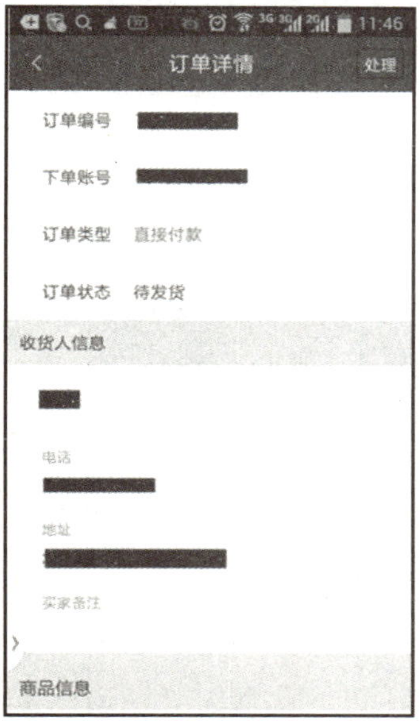

图 6-8　查看订单详情

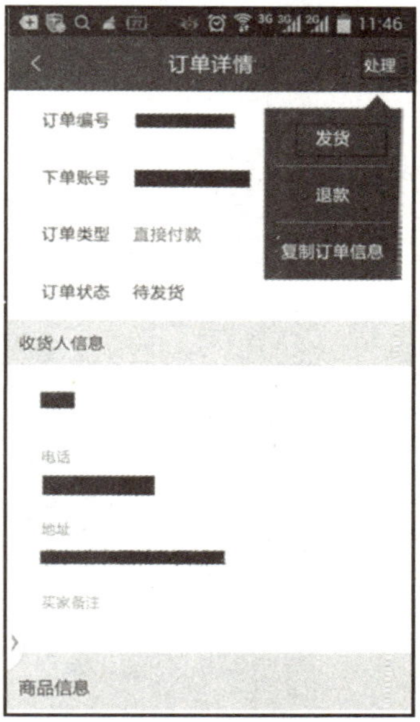

图 6-9　单击“发货”选项

（5）进入到“发货”界面，选择发货方式，选择相应的快递公司，输入快递单号或者单击“扫描”按钮，单击“发货”按钮，如图 6-10 所示。

（6）即可发货成功，如图 6-11 所示。

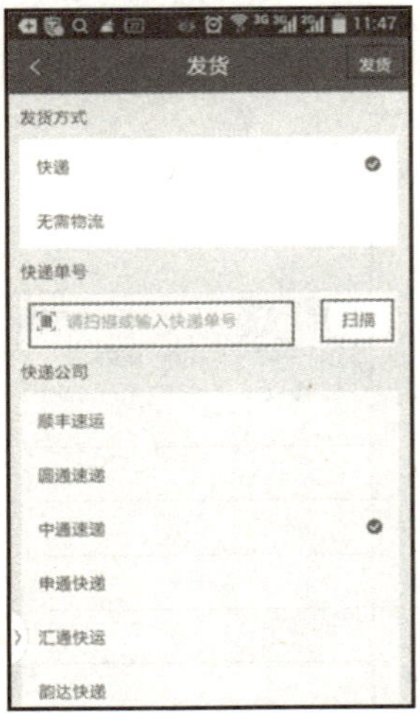

图 6-10　选择相应的快递公司

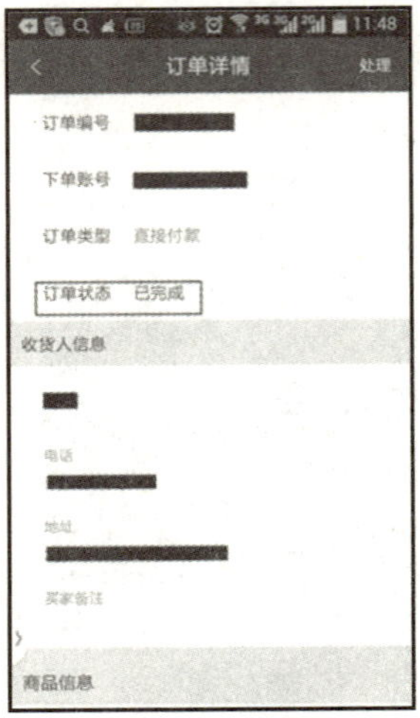

图 6-11　发货成功

6.3　查看已完成订单并查询快递

订单状态显示已发货，就可以开始跟踪快递的物流信息了。

（1）登录到微店，单击“订单管理”，如图 6-12 所示。

（2）进入到“订单管理”界面，单击订单信息，如图 6-13 所示。

图 6-12　单击“订单管理”

图 6-13　“订单管理”界面

（3）即可查看到订单详情，如图 6-14 所示。

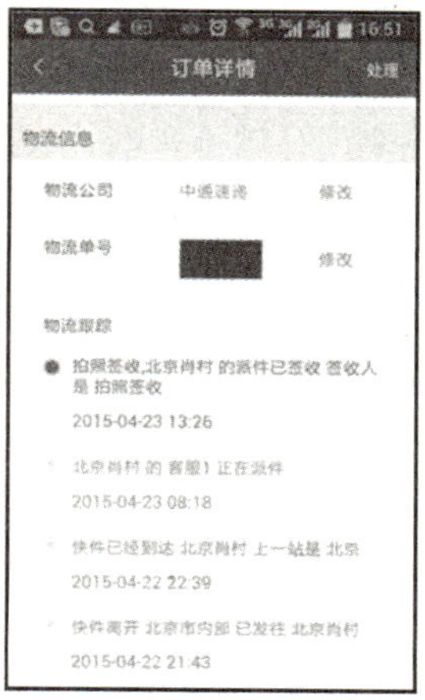

图 6-14　订单详情

6.4　查看已关闭订单并与买家沟通

如果买家关闭订单了，可以与买家再次沟通，以便留住买家，具体操作步骤如下。

（1）进入到“订单管理”界面，切换至“已关闭”选项卡，可以看到已关闭的订单，如图 6-15 所示。

（2）单击已关闭的订单，进入到“订单详情”界面，可以看到订单编号、下单账号、订单类型、订单状态、收货人信息、商品信息等，如图 6-16 所示。以便联系买家询问沟通。

图 6-15　“已关闭”选项卡

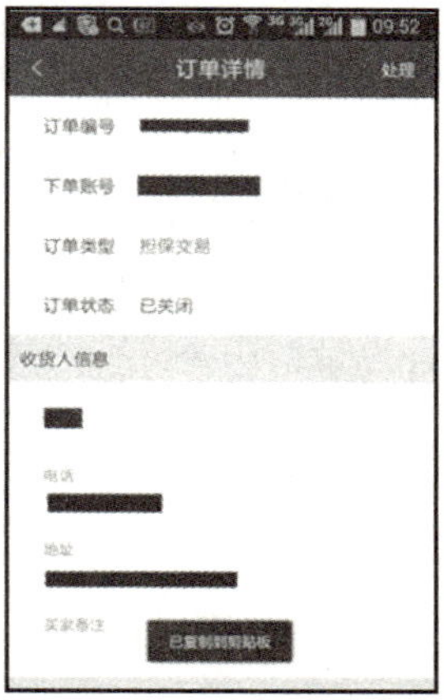

图 6-16　“订单详情”界面

6.5 登录微店网页版一键导出订单

微店网页版可以帮助卖家进行店铺管理，还可以进行批量发货、导出订单、绑定公众号等功能，这样可以有效的提高卖家的效率。订单不多时，在手机上直接处理即可。但如果订单达到一定数量，或者需要他人代为发货时，微店“订单管理”中的“一键导出订单”就可以发挥作用了。

登录微店网页版一键导出订单的具体操作步骤如下。

（1）登录微店网页版 http://v.vdian.com/，输入手机号，单击“下一步”按钮，如图 6-17 所示。

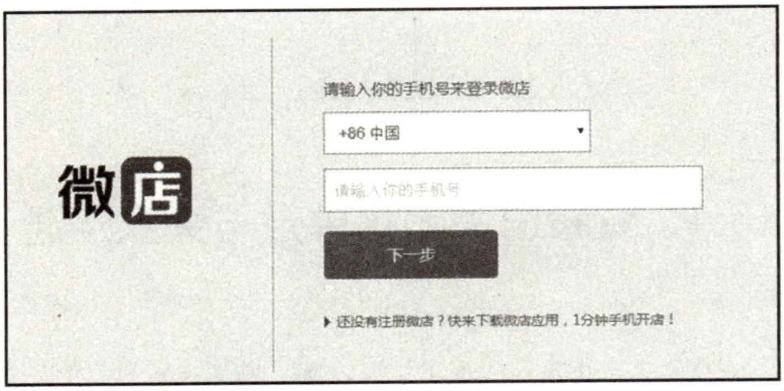

图 6-17　微店网页版

（2）提示正在使用手机登录到微店，输入密码，单击“登录”按钮，如图 6-18 所示。

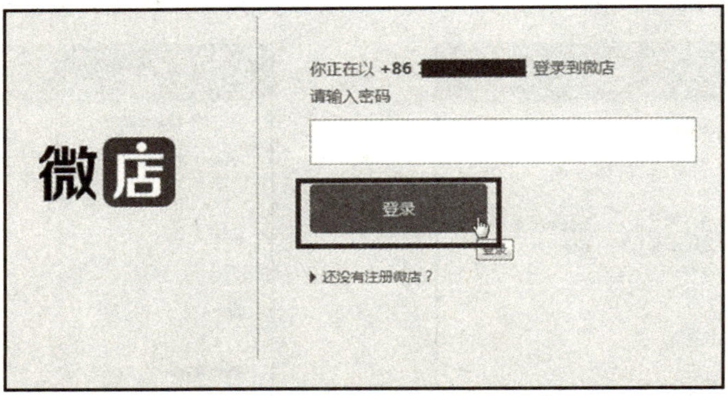

图 6-18　输入密码

（3）单击“订单管理”按钮，如图 6-19 所示。

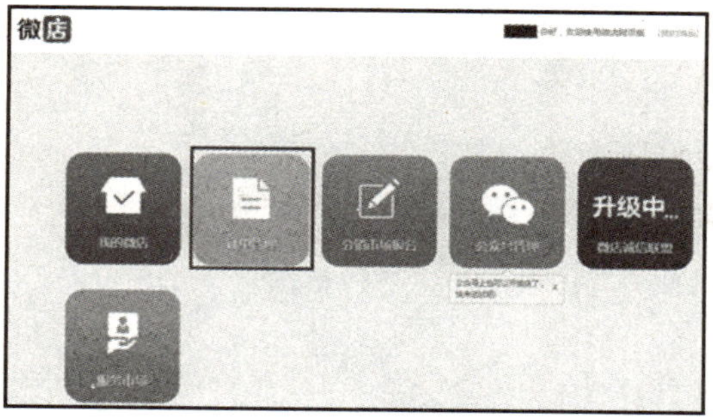

图 6-19　单击“订单管理”按钮

（4）进入到“订单管理”页面，选择订单类型，单击“导出”按钮，如图 6-20 所示。

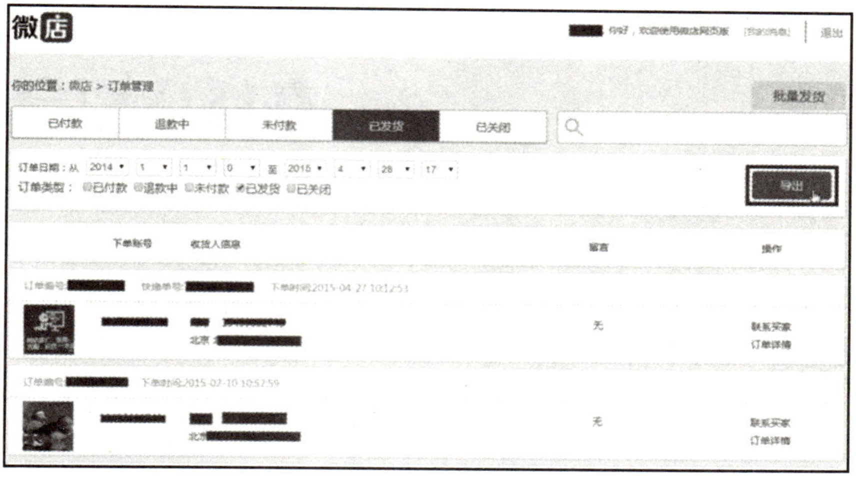

图 6-20　单击“导出”按钮

（5）弹出“导出订单”对话框，单击“第 1-5 条”超链接，即可下载，如图 6-21 所示。

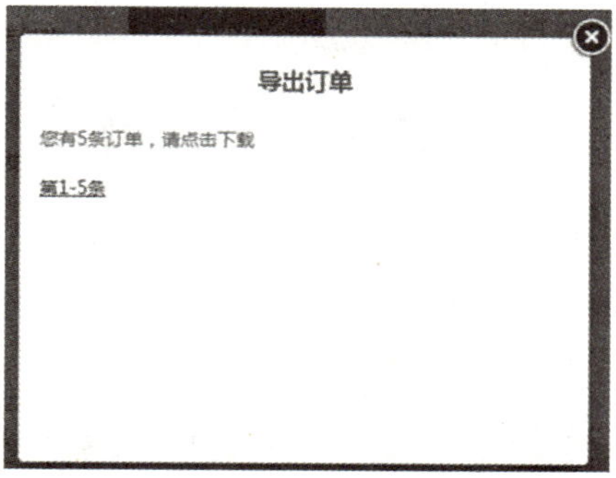

图 6-21　“导出订单”对话框

第7章

在微店平台推广

开店指导

微店开通的门槛很低，现在越来越多的新手选择开微店来创业，“微店”成为越来越多移动互联网创业者们的选择，怎么找客源，怎么推广微店成为广大创业者最头疼的问题。本章主要介绍在微店平台推广店铺的方法。

7.1 微店推广前注意事项

开微店的人越来越多，竞争也越来越激烈。推广就是想尽一切办法让你的目标客户知道你的店铺。怎么让客户快速地知道你店铺，这就要看看你的推广手段与方法了。

7.1.1 淡定的心态是前提

这一点，对很多微店新手来说，至关重要。很多人看到别人开微店很火，就认为开微店很赚钱。于是他们纷纷加入微店行业，开始去推广自己的产品，不假思索和分析，甚至在微店交流群中发自己的推广链接。辛辛苦苦折腾了半个月，看到没有收入，就开始抱怨，逐渐开始放弃。没有淡定的心态，就没法保证进行长期的推广。

7.1.2　吸引更多人关注，培养潜在顾客

微店推广的意义不仅仅是直接带来销量，更重要的意义是在于吸引更多人关注你的产品、你的微店。持续地推广，可以挖掘更多的潜在顾客。

或许你的产品广告第一次出现的时候，并没有给人家留下深刻印象，但当你的推广广告总是持续不断出现的时候，就会在受众的心里留下印象。当某一天顾客需要这个产品的时候，他可能第一个想到的就是记忆中的产品，或当他再一次看到广告时，很快就有了购买的决心。

7.1.3　树立微店的整体形象

推广，从产品选择、店铺装修到各种宣传的方式，无不是在向人们展示自己店铺吸引人的一面，或个性，或大众，或可爱，或优雅……店铺的形象在种种宣传手法中得以体现，宣传的过程也就是树立自己品牌形象的过程。可以说，卖家推广的不仅仅是产品，更是这个微店的整体形象，你的微店如果能成为一个明星级的店铺，那么它就是一个品牌。

7.1.4　服务买家才能长期有效推广

分销商也可能成为你的买家，这是个颠覆的平台，不管是做生意，还是做服务，都很讲究回头客，所以，做微店推广，如何服务分销商，是大家关注的核心问题，也是微店必须努力的方向。

那怎么服务买家(分销商)呢？下面介绍一些好的方法。

（1）给他们介绍真正好的商品。

（2）告诉他们网上购物的方法，或者是挑选某类商品的方法。

（3）提供对他们选购商品有帮助的资讯，即使他们不在你这里买东西，你也要乐意为他们服务。因为他们自己不买，也可能分享给他的朋友。记住，即使没有收入也要做，并不是你做的每件事情都立刻见效。

（4）提供他们交流和评论的空间。

7.2　在微店平台推广

企业微信公众平台开通后应该如何推广？这个是做微信运营首先要解决的问题。下面结合运营体会谈谈大家在微信平台如何来做推广。

7.2.1 限时折扣

限时折扣是对准了人们爱占便宜的“穴位”，通过独特的道具及实施手段来强烈地刺激店内顾客的感官，是一种非常有效的促销手段。在微店平台采用限时折扣的具体操作步骤如下。

（1）登录到微店，单击“促销管理”按钮，如图 7-1 所示。

（2）进入到“促销管理”界面，单击“限时折扣”按钮，如图 7-2 所示。

图 7-1 单击“促销管理”按钮

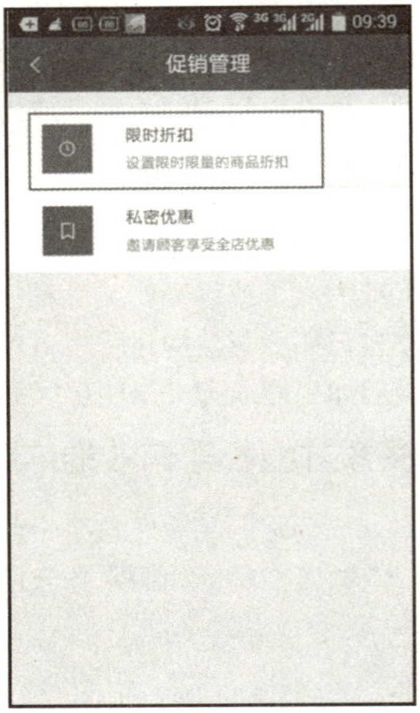

图 7-2 单击“限时折扣”按钮

（3）单击右上角的“添加”按钮，如图 7-3 所示。

（4）选择折扣商品，如图 7-4 所示。

（5）在“折后价格”后的文本框中输入折后价格，单击右上角的“完成”按钮，如图 7-5 所示。

（6）即可添加限时折扣成功，如图 7-6 所示。

图 7-3　单击“添加”按钮

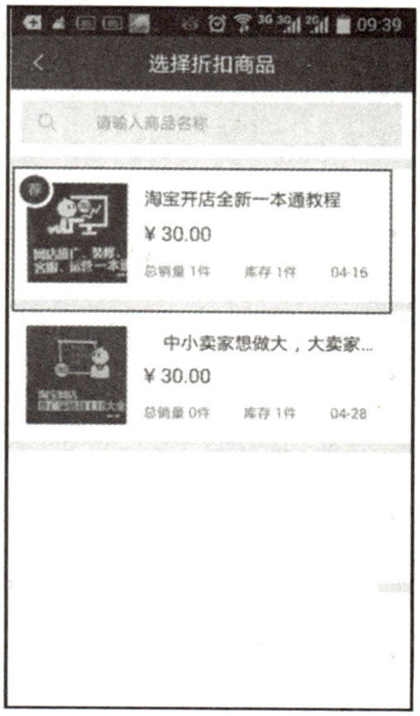

图 7-4　选择折扣商品

图 7-5　输入折后价格

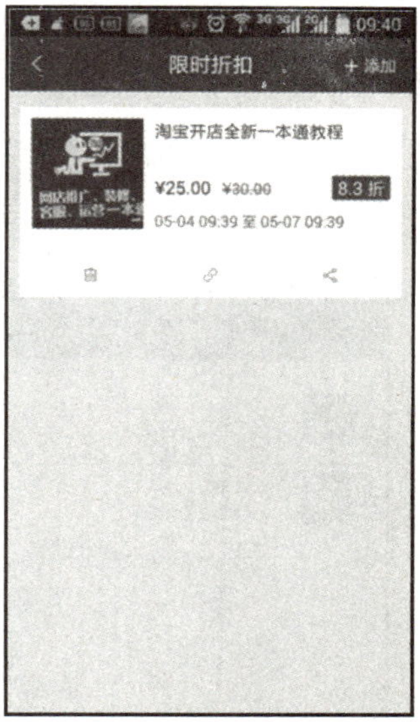

图 7-6　添加限时折扣成功

这种限定时间折扣的广告宣传，的确很好地抓住了人的心理弱点。因为如果是随处可见、随时都可买到的商品，人们自然不会产生强烈的购买欲。但如果折扣时间有所限制，就能触发买家的消费欲望，使他们觉得如能抢购到此物，就占了大便宜。有了这种错觉，即使不推销，也会前来抢购。

限时折扣是一种非常有效的促销手段。但如果不能系统地把握其中的诀窍，不仅不能取得很好的效果，反而可能会弄巧成拙。那么该如何采取有效的方式去做，尽可能地扬长避短，以达到应有的效果呢？

第一步：选择商品

哪些单品适合限时促销？流行商品、应季商品、大众化商品、单价不过高（也不太低）的商品一般是首选。限时折扣商品根据不同的种类最好定为原价的 5～8 折，价格不能太低，太低就有假货、滞销货的嫌疑，会引发顾客失望和生疑。当然，为了考虑吸引力，偶尔拿出一些非常敏感的商品做几次惊爆价格也是可以的，但最好不要频繁地做。

第二步：促销时间

很多限时折扣促销失败都与时机选择有关。可以选择节假日、周末，特别是有大型促销活动的时候最好，如换季促销、周年庆、黄金消费周等时间。因为这时网上的人流量大，限时抢购的效果自然会好一些。

7.2.2 私密优惠

特别的优惠给特别的客户，独有私密优惠功能，让你实现特定客户享有特定优惠折扣。在微店平台采用私密优惠具体操作步骤如下。

（1）登录到微店，单击“促销管理”按钮，如图 7-7 所示。

（2）进入到“促销管理”界面，单击“私密优惠”按钮，如图 7-8 所示。

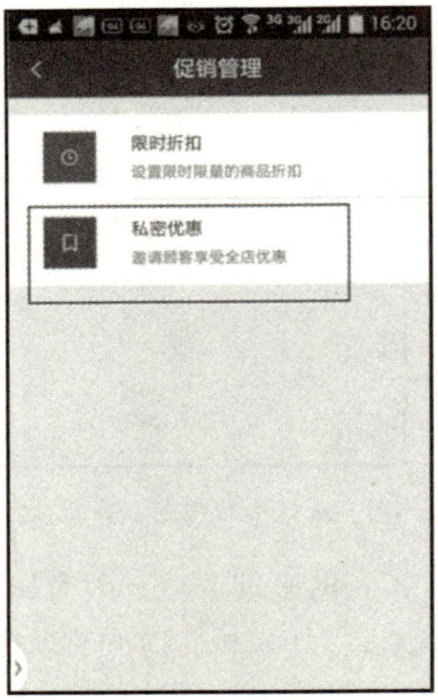

图 7-7 单击“促销管理”

图 7-8 单击“私密优惠”

（3）进入到“添加私密优惠”界面，设置折扣，单击“完成”按钮，如图 7-9 所示。

（4）打开“把优惠发给买家”界面，可以看到“私密优惠添加成功”字样，在这里可以把私密优惠通过以下方式发给相应的好友，如图 7-10 所示。

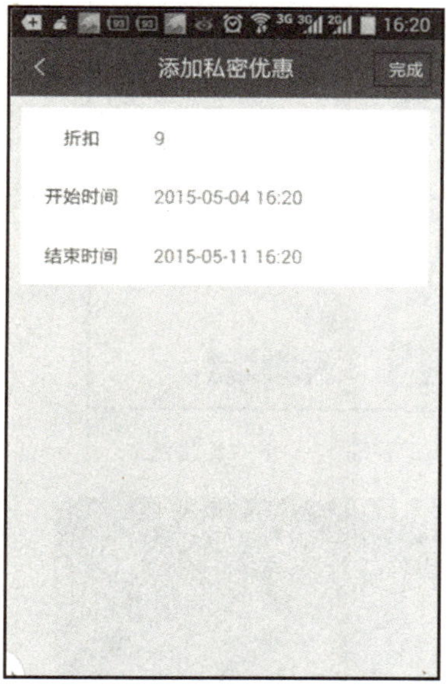

图 7-9　“添加私密优惠”界面

图 7-10　“把优惠发给买家”界面

7.2.3　友情店铺

友情店铺是具有一定互补优势的微店之间的简单合作形式，即分别在自己的微店上放置对方店铺的 LOGO 或微店名称，使得买家可以从合作微店中发现自己的微店，达到互相推广的目的。在微店平台添加友情店铺具体操作步骤如下。

（1）登录到微店，单击“我要推广”按钮，如图 7-11 所示。

（2）进入到“我要推广”界面，单击“友情店铺”，如图 7-12 所示。

（3）单击“+”按钮就可以添加好友，如图 7-13 所示。

（4）提示“加好友成功，请等待对方验证”字样，如图 7-14 所示。

图 7-11　单击“我要推广”

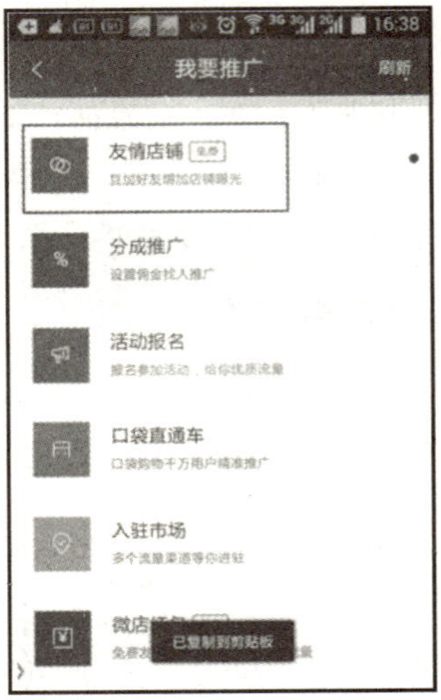

图 7-12　单击“友情店铺”

图 7-13　单击“+”按钮

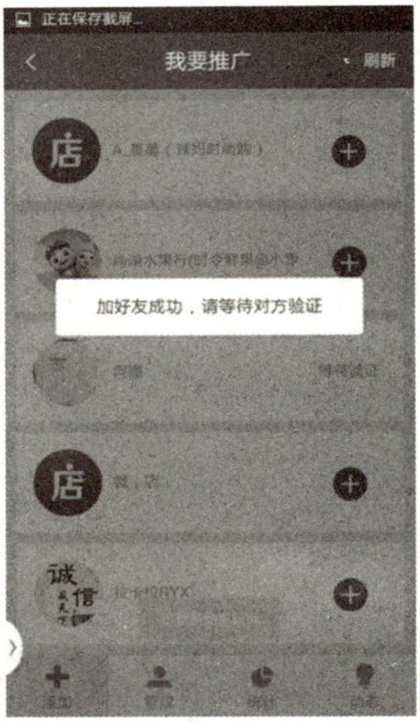

图 7-14　加好友成功，请等待对方验证

7.2.4　分成推广

微店分成推广是别人通过分享你的店铺到朋友圈促成购买获得佣金的方法，分成推广只对微信有效，只有从微信进入你的店铺才能看到你设置的分成推广。在微店平台添加分成推广具体操作步骤如下。

（1）登录到微店，单击“我要推广”，如图 7-15 所示。

（2）打开“我要推广”界面，单击“分成推广”，如图 7-16 所示。

图 7-15　单击“我要推广”

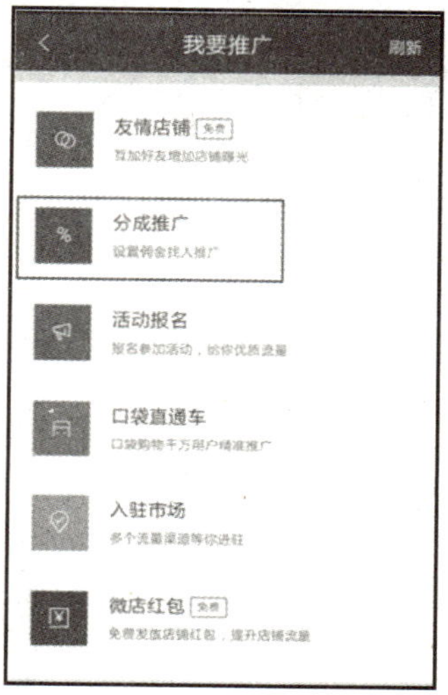

图 7-16　单击“分成推广”

（3）单击“修改佣金比例”，如图 7-17 所示。

（4）在这里设置佣金的比例，如图 7-18 所示。

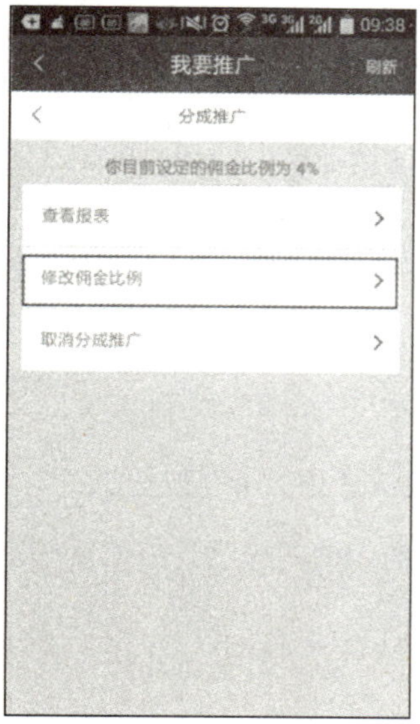

图 7-17　单击“修改佣金比例”

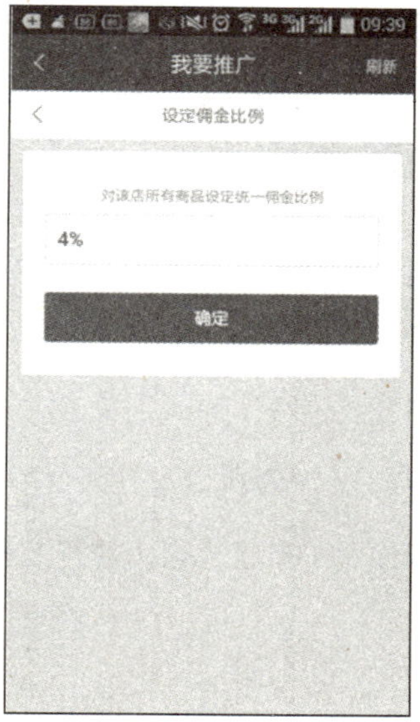

图 7-18　设置佣金的比例

（5）单击“4%”弹出 “选择佣金比例”列表，在其中选择想要的佣金比例，如图 7-19 所示。

（6）单击图 7-18 中的“确定”按钮，佣金比例即可设置成功，如图 7-20 所示。

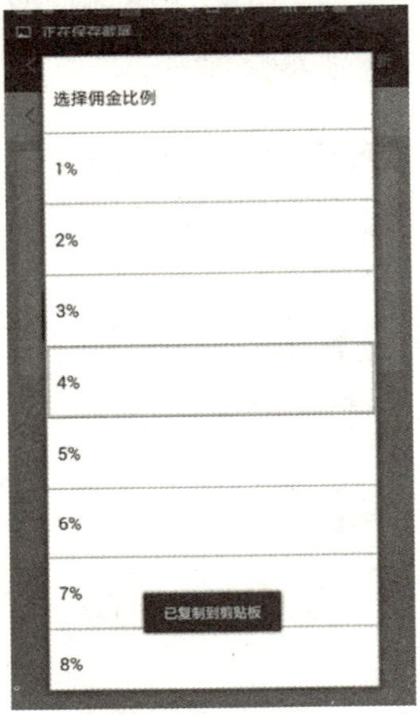

图 7-19 选择佣金比例

图 7-20 佣金比例设置成功

7.2.5 口袋直通车

口袋直通车，一经推出后，就受到了广大商家的热烈欢迎。口袋直通车是为广大商家量身定制的，按照点击付费的营销工具，可以实现宝贝的精准推广，开通口袋直通车之后，可以让你的宝贝在口袋购物上面来展示，并获取一个好的排名，同时，还可以报名参加一些针对口袋直通车的活动，提高微店商品的曝光度和流量。开通口袋直通车具体操作步骤如下。

（1）登录到微店，单击“我要推广”，如图 7-21 所示。

（2）打开“我要推广”界面，单击“口袋直通车”，如图 7-22 所示。

（3）进入到如图 7-23 所示的界面，单击“开通口袋直通车”按钮。

（4）在这里显示了口袋直通车的开通平台，按照上面的提示开通即可，如图 7-24 所示。

图 7-21　单击“我要推广”

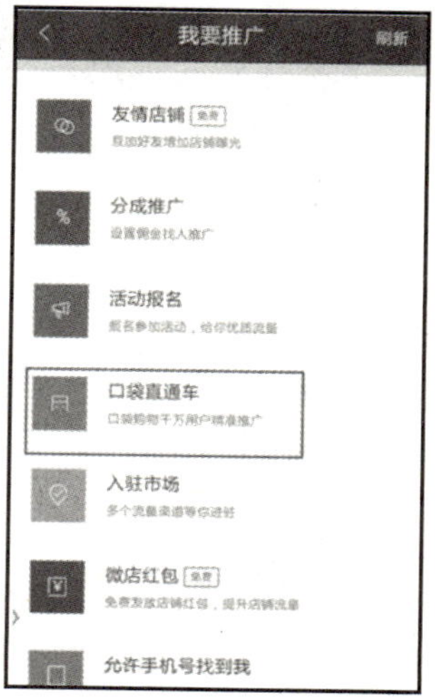

图 7-22　单击“口袋直通车”

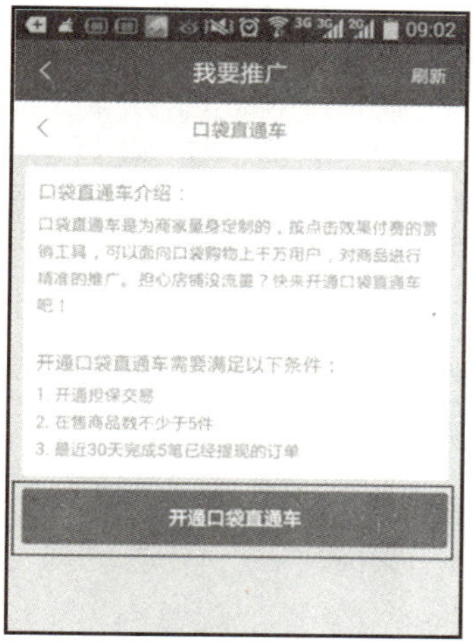

图 7-23　单击“开通口袋直通车”按钮

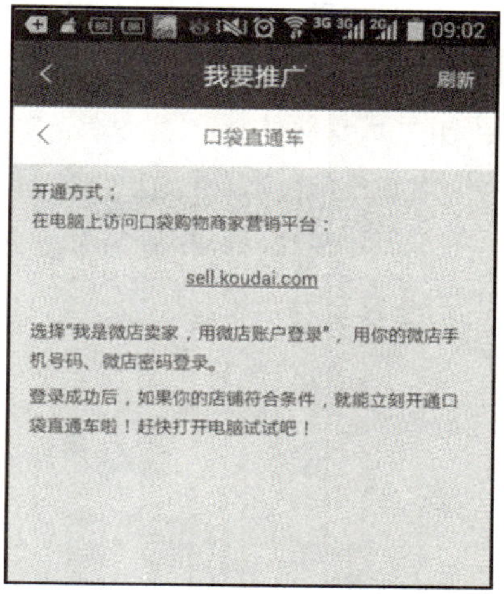

图 7-24　口袋直通车的开通平台

7.2.6　入驻市场

在微店平台入驻市场具体操作步骤如下。

（1）登录到微店，单击“我要推广”，打开“我要推广”界面，单击“入驻市场”，如图 7-25 所示。

（2）在这里显示了一些入驻详情和下载试用，单击“微店买家版”里面的“入驻详情”按钮，如图 7-26 所示。

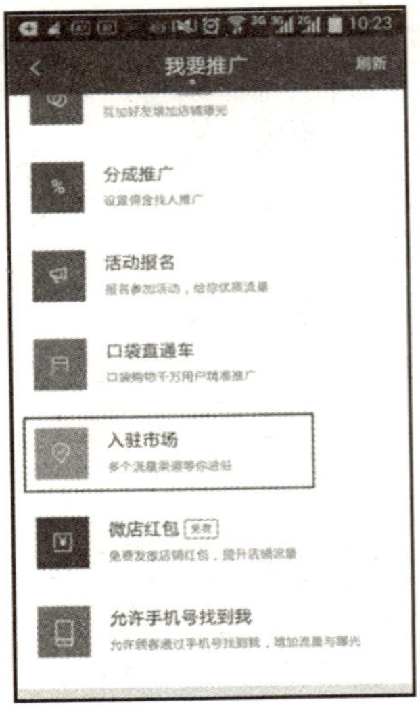

图 7-25 单击“入驻市场”

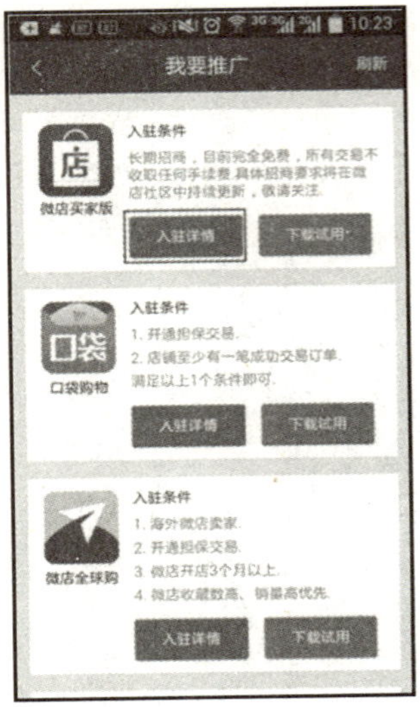

图 7-26 单击“入驻详情”按钮

（3）进入到如图 7-27 所示的“微店买家版”的详情。

（4）单击如图 7-26 所示的“口袋购物”里面的“入驻详情”按钮，如图 7-28 所示。

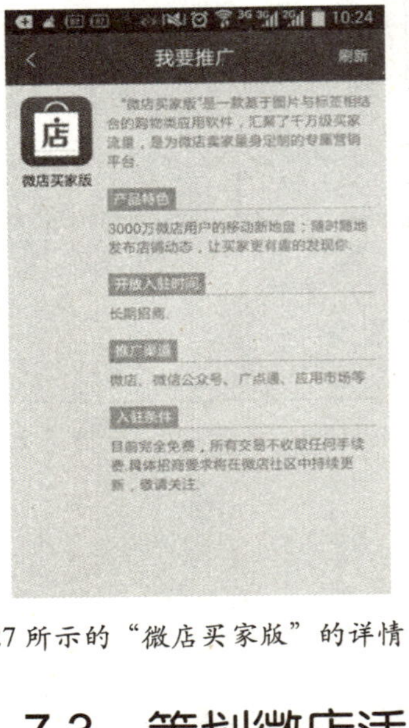

图 7-27 所示的“微店买家版”的详情

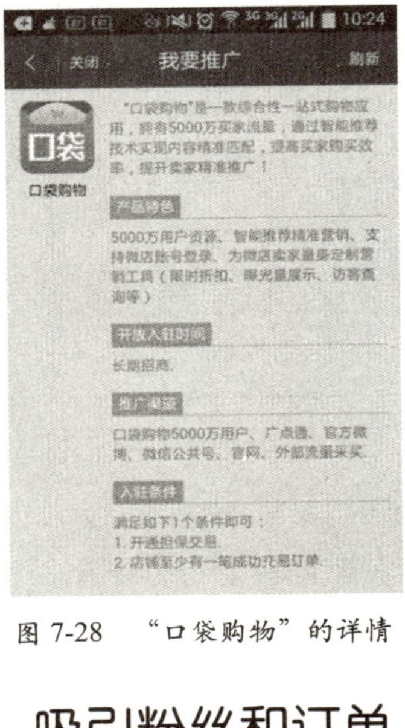

图 7-28 “口袋购物”的详情

7.3 策划微店活动，吸引粉丝和订单

现在很多淘宝店铺基本上是靠活动来支撑流量的，同样微店也需要有一定的活动来获取粉

丝和订单。根据类目和店铺运营情况的不同可以做不同的活动。

关注公众账号送包邮资格，设置自定义回复的有奖问答免费送店铺单品，通过微店下单减免或者返现都是不错的而且很容易实现的活动。如图 7-29 所示的店铺进店送红包活动也是不错的选择，这样一来能够获取粉丝，二来可以带动店铺其他产品的销量。

需要注意的是，在做活动期间，务必把欢迎词和微店促销信息都设置成相关活动的内容和页面，这样对于顾客的吸引力更大，如图 7-30 所示。

图 7-29　进店送红包活动

图 7-30　微店促销信息

一般来说，策划营销活动需要做好充足的前期准备。

首先要分析目标受众，确定能够积极参与活动的用户是哪些人群，他们喜好什么样的活动，什么活动主题，会不会分享到朋友圈等。

其次就是分析活动，一般可考虑下面几点：一是活动的可参与性，即活动规则要简单明了，让粉丝方便参与；二在活动形式、参与方式的设计上切合目标用户的喜好来增加情感；第三也是最重要的一点，结合热点，活动主题鲜明、有创意，可以将活动形式和时下热点相结合，借力调动用户参与活动的热情。最后需要注意的一点是活动要线上线下相结合，将活动与品牌、产品、促销等结合起来，促进线上与线下交流时亲身体验。

在对营销活动有一个大概的定位和计划之后，就是策划组织流程，一般可分为如下几步：确定主题；撰写活动方案，包括活动形式、奖品、时间、执行人、宣传文案等；活动发布和维护，跟踪活动效果，互动维护；公布活动结果，发奖等事宜；活动分析，做好粉丝消息数量与内容数据分析，做好记录。

7.4 SEO 优化商品搜索排名

现在开微店的卖家越来越多，不过大部分店铺的访问量都普遍很低，排名也比较靠后，很多时候是由于商品页面没有优化好到底怎样设置关键词，才能使自己的产品在同类产品中靠前呢？

1．商品名称中的关键词

买家在搜索商品时一般都会输入一个或两个关键词，然后根据搜索结果去挑选目标商品。所以，商品名称中的关键词是第一搜索目标，卖家一定要设置好。

在设置商品名称时卖家可以根据商品的特点和优势来设置，比如某品牌女装，卖家就可以将商品名称设置成“2015 夏季时尚女装”。

2．商品描述中的关键词

商品描述中的关键词设置和商品名称中的关键词设置是同样道理，抓住商品的特点和优势等方面去设置就好。和商品名称相比，商品描述发挥的空间更大，所描述的词语可以更多。

3．推广软文中的关键词

推广软文也是优化商品搜索排名中，最常用的手段，在推广软文中适当添加一些关键词，会收到良好的推广效果。

（1）使用与关键词相关的文章标题

卖家可以在推广文章的标题中将品牌名称设为关键词，关键词越具体，搜索效率越精准。

（2）在文章正文中使用关键词

在正文开始部分就可以使用至少一次的目标关键词，加大文章的点击率，之后在正文中灵活添加关键词，优化商品搜索排名的同时，也为微店及其商品做了很好的推广。

（3）在粗体字中使用关键词

有目标地展示关键词是搜索引擎非常喜欢的推广方式，在文章粗体字中使用关键词能够帮助卖家第一时间获得搜索引擎的关注。

(4) 此外，一定要确定好店铺的名称，店铺名称确定好后不要轻易改动，这样不利于 SEO，而且还容易被搜索引擎过滤掉。店铺主营商品的关键词也要设置好，店铺可以根据所经营的产品和路线来设定。

7.5　如何让微店热卖优先推广你的店铺

如何在微店热卖上让更多的买家找到自己商品或者店铺，如何让商品在搜索排名中得到优化展示，如图 7-31 所示微店热卖。

图 7-31　微店热卖

微店热卖搜索排名排序是按照商品在微店热卖的成交量、商品查看量、商品收藏人数、商品图片质量、卖家信誉、卖家店铺商品数、卖家店铺浏览量等指标来进行商品排序的。因此，商品在微店热卖上的成交量和被买家查看次数是排名靠前的重要因素，如图 7-32 所示，热销的商品排在前面。

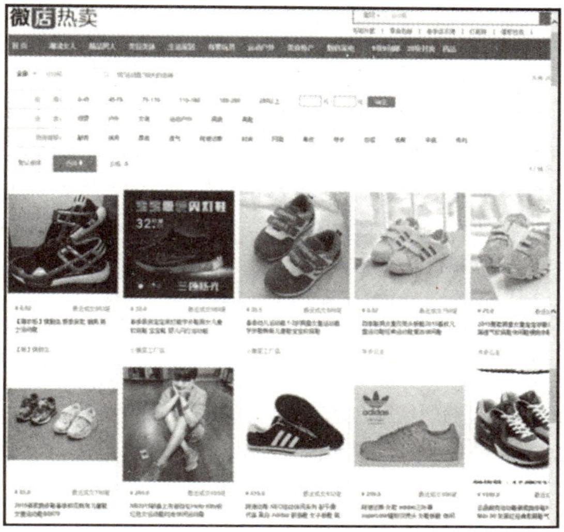

图 7-32　热销的商品排在前面

宝贝标题的优化，一定要简明扼要，格式规整。切记不要为了宝贝标题而忽视了商品本身的属性，例如宝贝是运动鞋，而宝贝标题却是“专业、休闲鞋、跑步鞋 bm2350243 产地：上海”，这样新买家肯定会看不明白，也觉得卖家不够用心，当然也不会优先选择这款商品了。

其次是产品图片一定要做好，千辛万苦出现在了买家搜索的页面，只因自己的图片不如别人的漂亮而被买家忽视。产品图片要清晰，最好有底色，现在都是清一色的白板，过于单调，切记不要添加文字和水印，否则会被系统下线，如图 7-33 所示产品有背景。

产品文字说明一定要写得详细一些，清楚明白一些。

价格一定要有优势，哪怕比同类产品多个包邮或者降几块钱，官方搞特卖活动的时候，就会优先选择你的。

图 7-33　产品有背景

7.6　让客户成为代理商

代理是适应时代发展趋势，由第一代电子商务革新而衍生的产物。随着时代发展，微商代理的地位也越来越重要。作为商家，想让客户变成自己的代理商，最基本的一个条件是，我们要保证客户认可自己的产品，并让客户坚信通过这些产品就可以赚到钱。如果这一条件无法实现，那么客户通常很难成为我们的代理，也就谈不上帮我们卖产品了。

什么样的产品算是优质产品？简单来说，优质产品就是指品质、外观设计、生产工艺以及使用过程中的体验等都让客户感到满意的产品，并且该产品与同行的竞争产品之间有着明显的差异化优势。在与客户沟通的过程中，想把客户变成自己的代理商，我们需要向客户展示自己的实力、展示自有产品的实力，以及展示我们后续产品开发、产品更新方面的实力，从而让客户对我们的产品拥有更大的信心，让客户看到产品的盈利空间。

什么样的产品容易吸引客户代理呢？

（1）贴近生活本身的产品是首选。比如五谷杂粮、食品坚果、日常护肤、生活日用新品、电子产品等。

（2）朋友圈营销。不是什么产品都可以做，一定要有稳定的货源支持，过硬的品质保障。现在朋友圈面膜做的很火，但不是所有的面膜都可以做的，一定要注重品质，要有国家资质和检验合格报告的化妆品，才可以长期做下去。因为朋友圈营销，是要把产品销售给自己的朋友，不能只是一锤子买卖，一定要注重口碑，如果没有底线和原则的做一些不良产品，最终你失去的不只是生意，而是朋友和更多的人对你的信任。

第 8 章

阿里也做微商，淘宝“小铺”开店

开店指导

对应各种微店在移动端对电商的冲击和影响，阿里推出了一款服务于卖家的店铺工具“小铺”，卖家可在无线端完成全部的店铺运营，还可以自己分享到各社会平台，拉取流量。

8.1 淘宝小铺产品介绍

2015 年 4 月 14 日，阿里巴巴推出淘宝小铺，卖家通过手机淘宝登录即可轻松实现上货、发货和店铺管理等功能。同时，每个店铺均可生成首期 6 位数店铺直达号及店铺二维码名片，并通过微博、微信等多个社交平台推广，让更多商家在手淘上借助无线互联网的优势，快速传播，营销和管理，如图 8-1 所示。

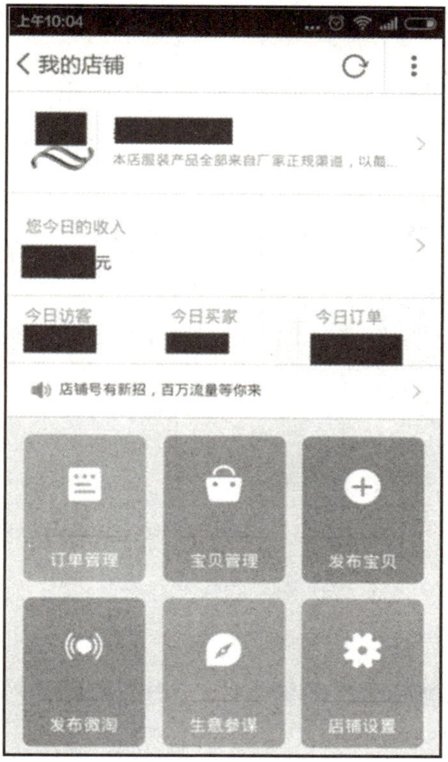

图 8-1　我的店铺

作为阿里集团在无线卖家端所推出的战略级工具，“小铺”将卖家对上货到发货的流程进行了极限简化，卖家可以通过手机淘宝进行商品上传、店铺管理商品售卖、售后服务。

小铺启动内测以来不到半个月时间，超过 200 万新老卖家已经实现小铺的开店和店铺管理，其中半数以上的卖家是新用户。这一成果凸显阿里巴巴长期在无线端的积淀，迎来了增长的爆发期。

8.2　店铺名片设置

商家可将店铺名片以数字口令形式分享至各个渠道（来往、微博、微信好友、朋友圈等），买家通过在手机淘宝搜索框中输入数字口令即可直达店铺，从而为你带来更多免费流量。

（1）进入到我的店铺，单击店铺介绍右侧的“>”，如图 8-2 所示。

（2）进入到如图 8-3 所示的界面，单击右上角的“⋮”，在下拉菜单中选择“店铺简介”。

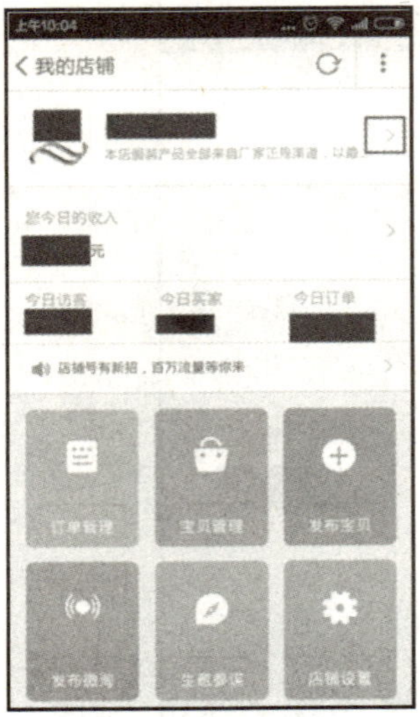

图 8-2　单击右侧的“>”

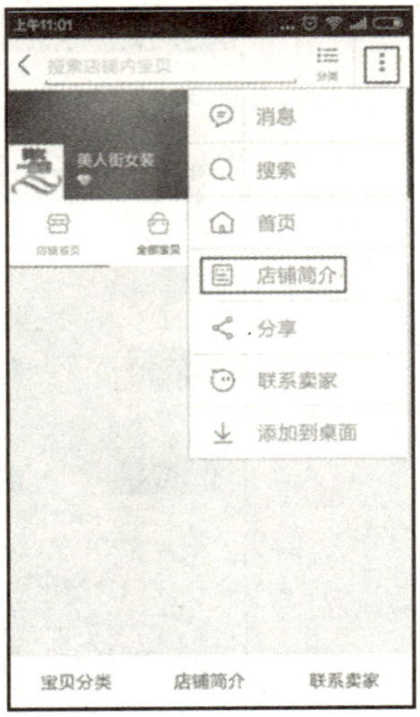

图 8-3　选择“店铺简介”

（3）进入到“店铺简介”界面，单击底部的“店铺名片”，如图 8-4 所示。

（4）即可打开店铺名片，如图 8-5 所示。

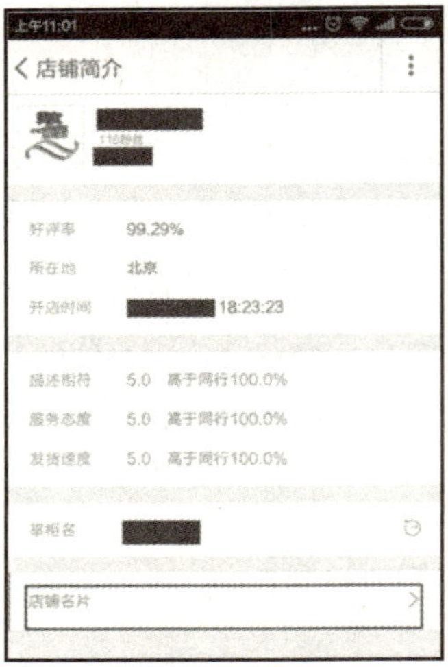

图 8-4　单击“店铺名片”

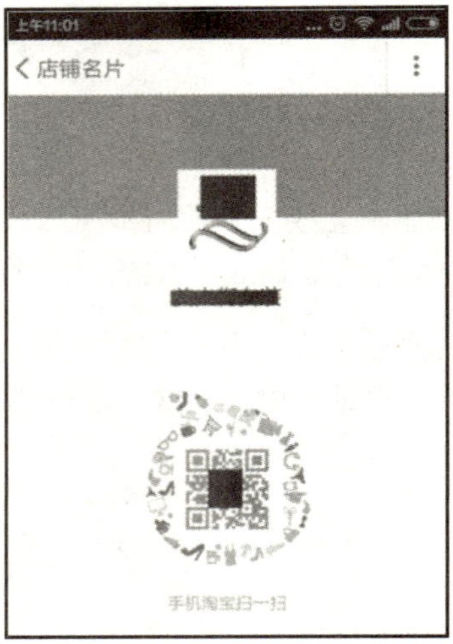

图 8-5　店铺名片

店铺名片成功设置后，可将店铺名片以数字口令或二维码形式分享到各个渠道中，包括来往、微博、通讯录、微信好友、朋友圈等。买家看到店铺号数字口令后，可在手机淘宝搜索框中输入该数字口令，即可直达店铺。

8.3　小铺店铺号推广技巧

利用小铺店铺号推广的具体方法如下。

（1）在店铺首页推广店铺号，做成图片放置在店铺首页，如图 8-6 所示。

（2）将店铺号以有趣的方式发到微淘上，与阅览者形成互动，如图 8-7 所示。

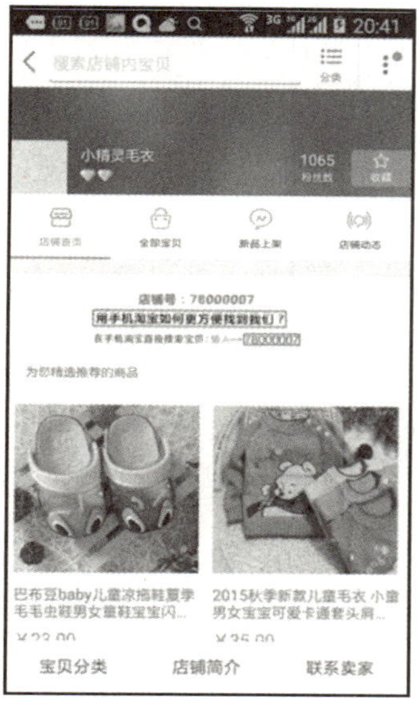

图 8-6　店铺首页推广店铺号

图 8-7　微淘互动

（3）每个宝贝的详情中都加上店铺号，高密度重复轰炸，如图 8-8 所示。

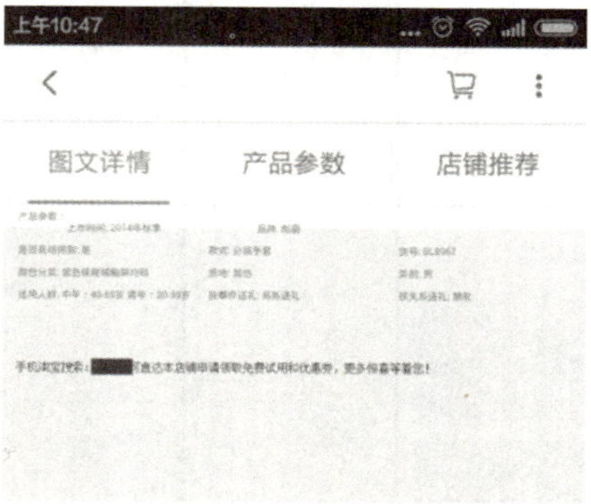

图 8-8　宝贝详情

（4）将店铺号分享到朋友圈，让所有朋友都能看到，如图 8-9 所示。

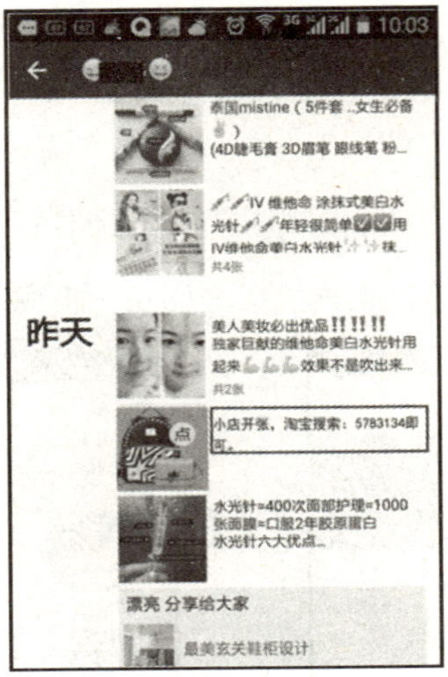

图 8-9　将店铺号分享到朋友圈

8.4　小铺发微淘广播

利用小铺发微淘广播具体操作步骤如下。

（1）打开手机淘宝，单击底部的“我的淘宝”，在列表中选择“我是商家”选项，单击“发布微淘”，如图 8-10 所示。

（2）进入到“微淘广播管理”界面，单击底部的“新建微淘广播”按钮，如图 8-11 所示。

图 8-10　单击“发布微淘”

图 8-11　单击“新建微淘广播”按钮

（3）单击“设置封面”，如图 8-12 所示。

（4）可拍照或使用相册图片，如图 8-13 所示。

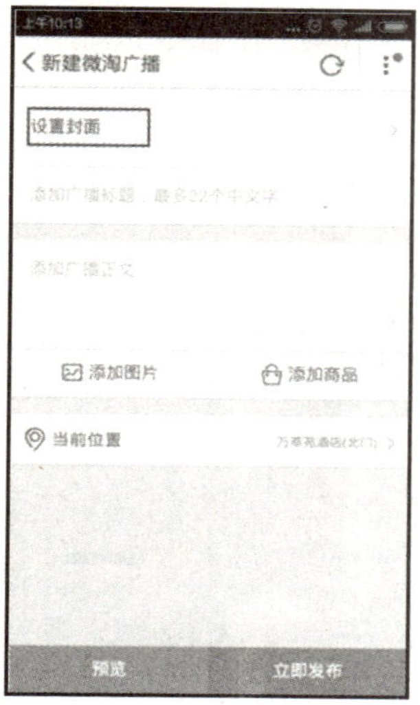

图 8-12　单击“设置封面”

图 8-13　拍照或使用相册图片

（5）即可成功上传封面图片，如图 8-14 所示。

（6）输入微淘广播标题（最多 22 个中文字）如图 8-15 所示。

图 8-14　成功上传封面图片

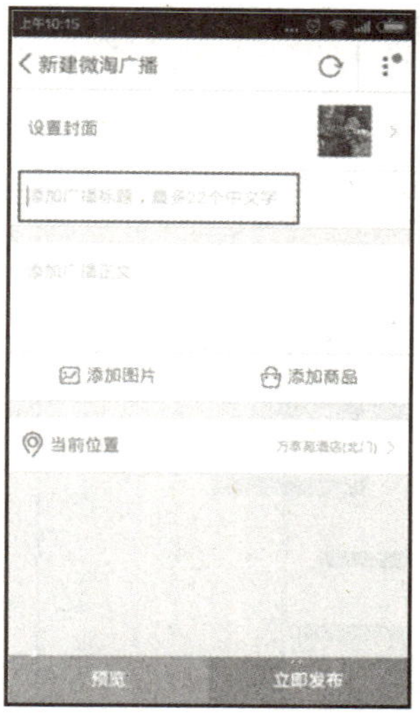

图 8-15　输入微淘广播标题

（7）输入微淘广播标题内容，如图 8-16 所示。

（8）可添加图片或商品，如图 8-17 所示。

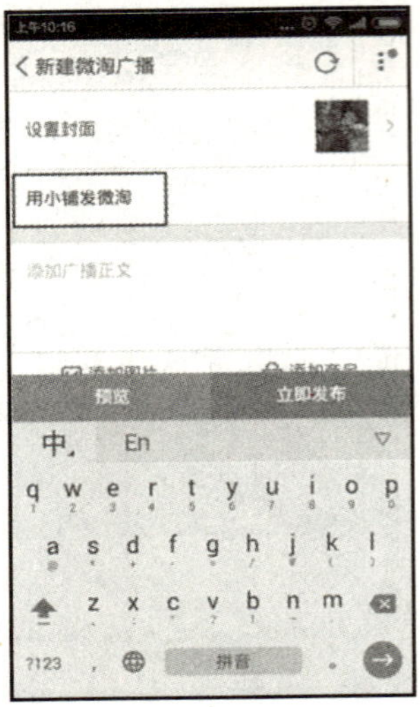

图 8-16　输入微淘广播标题内容

图 8-17　输入微淘广播正文

（9）确定地理位置，如图 8-18 所示。

（10）单击底部的“立即发布”按钮即可成功发布广播，如图 8-19 所示。

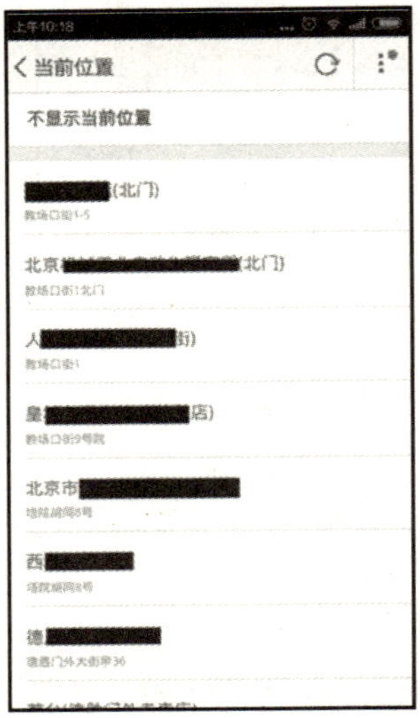

图 8-18　确定地理位置

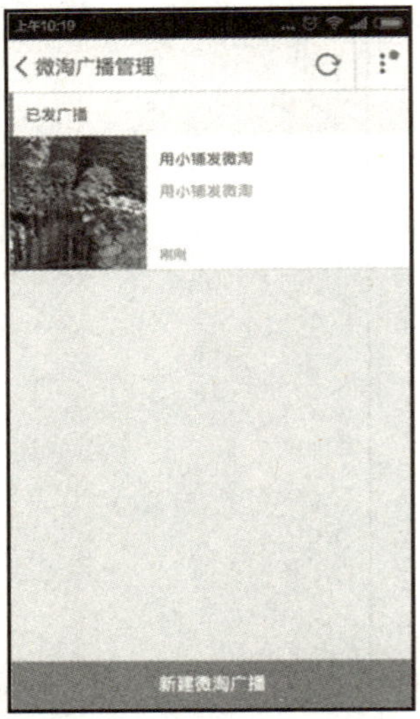

图 8-19　成功发布广播

8.5　淘宝小铺引流方法

小铺商家，可以通过手机流量、淘金币的激励，发动消费者，在朋友圈为自己小铺传播引流。

（1）打开“手机淘宝”，单击“我的淘宝”下面的“我是商家”选项，如图 8-20 所示。单击“营销推广”下面的“拉帮结派_裂变引流”，如图 8-21 所示和图 8-22 所示，找到希望用的第 3 方工具。

（2）若工具未订购，根据弹出的提示，到淘宝卖家服务（fuwu.taobao.com）订购工具，所有工具首次订购，均可 15 天免费试用，如图 8-23 所示。

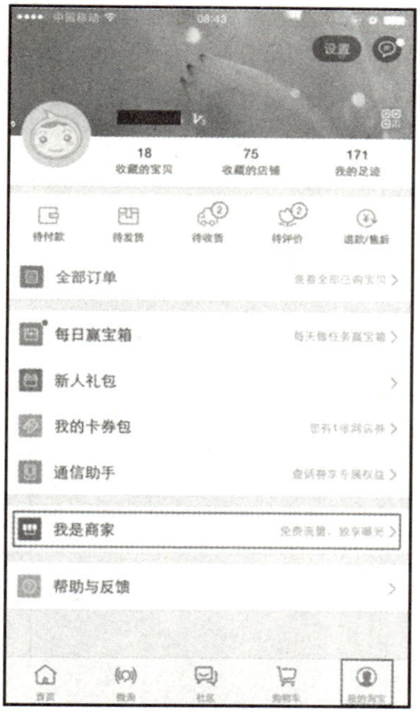

图 8-20　单击“我是商家”

图 8-21　单击“营销推广”

（3）订购完工具，回到步骤 1 的入口，单击图 8-22 所示的图中的“小铺抢人”选项，进入到如图 8-24 所示的界面，单击“授权”按钮，进入到“小铺抢人”界面，如图 8-25 所示。

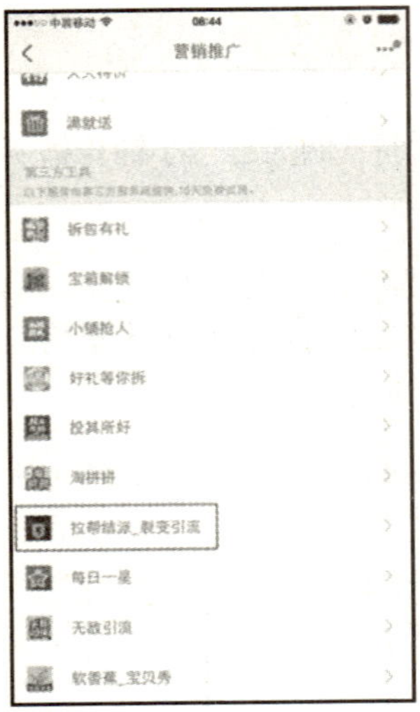

图 8-22　单击“拉帮结派_裂变引流”

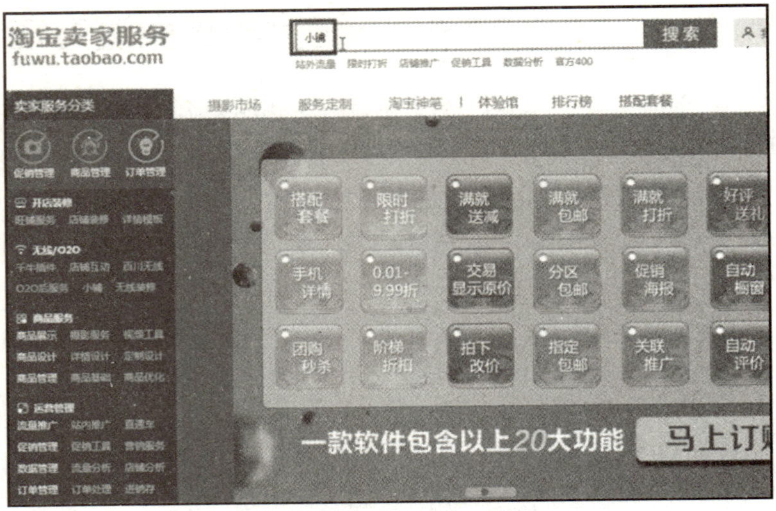

图 8-23　淘宝卖家服务

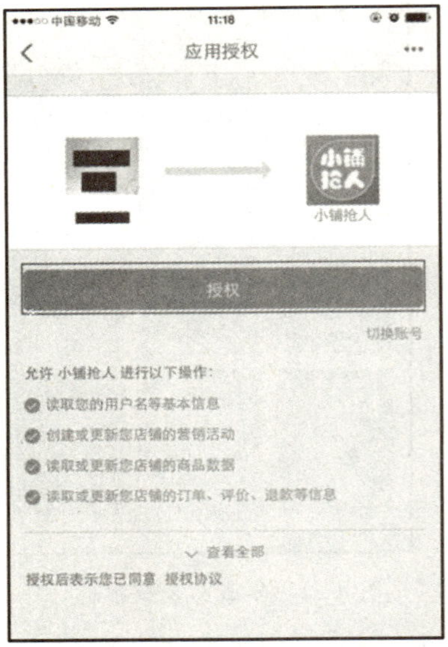

图 8-24　单击“授权”按钮

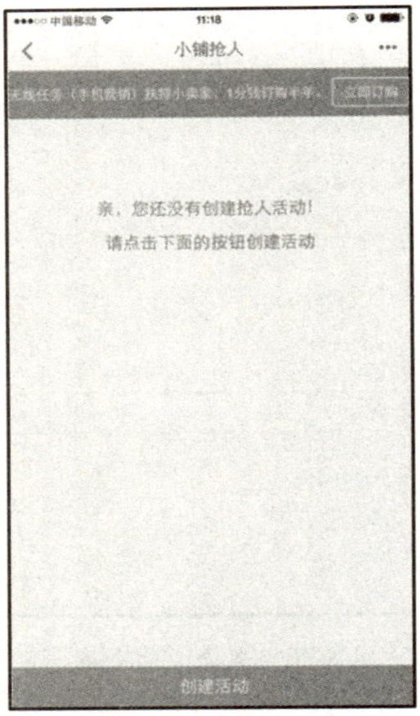

图 8-25　“小铺抢人”界面

（4）让买家在朋友圈帮忙传播，需要利益刺激，需要商家开通流量钱包，才能完成活动设置。所以在工具中设置活动时需使用手机流量作为消费者奖励，如果未开通，根据提示，去计算机上完成手机流量使用签约，如图 8-26 所示。

图 8-26　流量钱包营销工具使用教程

（5）活动设置完，可将活动同步到微淘、店铺、会员卡（4 钻及以上卖家可用），供买家查看，如图 8-27 所示。

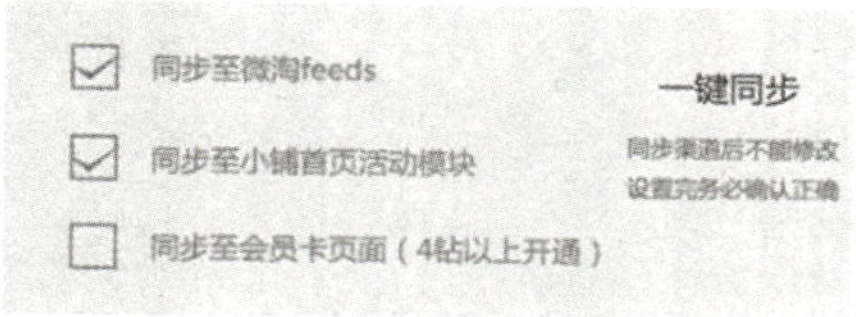

图 8-27　同步活动

（6）同步完活动，进入到微淘、店铺、会员卡查看自己的活动，如图 8-28 所示。

图 8-28　微淘

8.6 无线店铺引流利器——店铺宝箱

店铺宝箱是无线端重点打造的互动工具，卖家设置“店铺宝箱”后，当用户浏览卖家的无线店铺首页时，就有一定概率出现宝箱。用户单击宝箱后，即可在卖家设置的宝箱奖品中进行抽奖，奖品、中奖几率、中奖次数等卖家都可以在后台设置，如图 8-29 所示。这种互动到店的玩法，不仅为网店带来更多的客流量，而且能延长客户停留在网店的时间，效果甚好。

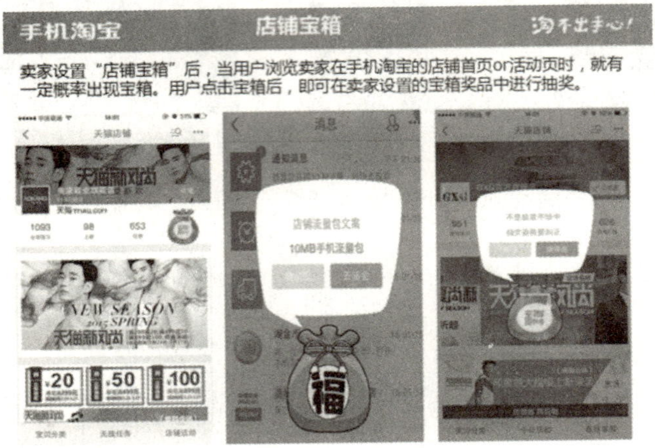

图 8-29　店铺宝箱

基于无线上的显著变化，手机淘宝的搜索流量占比可能会逐渐下降，来自其他渠道的流量开始逐渐上升。所以店铺宝箱会跟无线端的各个频道合作，出现在手机淘宝的各个角落，包括类目的频道页、活动页，微淘，手淘社区吧，互动城，流量俱乐部，无线店铺首页等，帮助大家吸引流量到店铺，如图 8-30 所示。

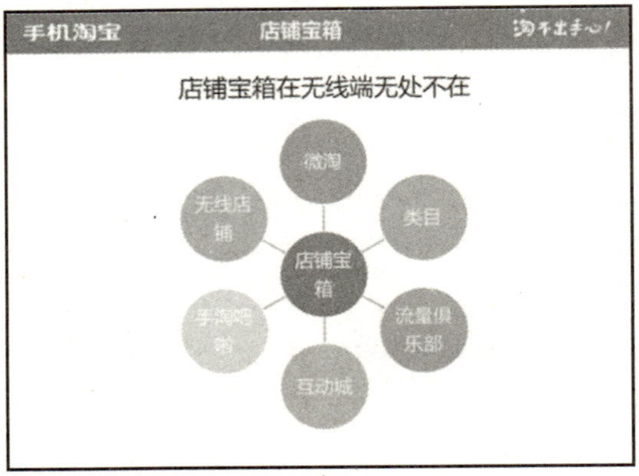

图 8-30　店铺宝箱位置

店铺宝箱有两个入口，第一个入口在卖家中心的营销中心，在手机营销专区中，单击进去，看到一个互动营销工具分类，就可以看到店铺宝箱，如图 8-31 所示。

第二个入口，在大家几乎每天要访问的无线运营中心，在我的互动或者互动市场里，大家可以看到，名称是店铺宝箱，如图 8-32 所示。

图 8-31　手机营销专区

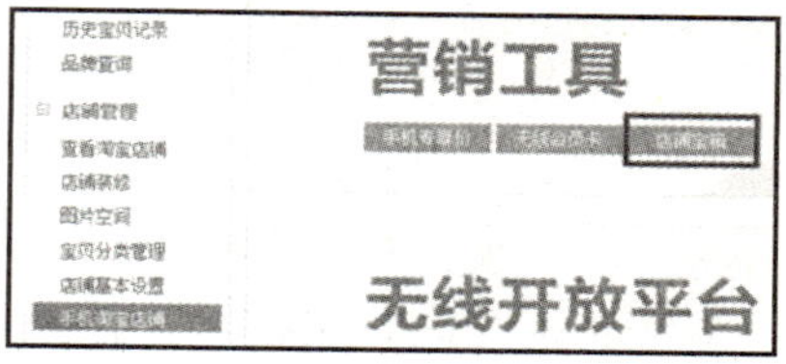

图 8-32　店铺宝箱

单击进入之后，是店铺宝箱的介绍，以及已经设置过的店铺宝箱活动列表，可以在这边进行活动的创建及删除，如图 8-33 所示。

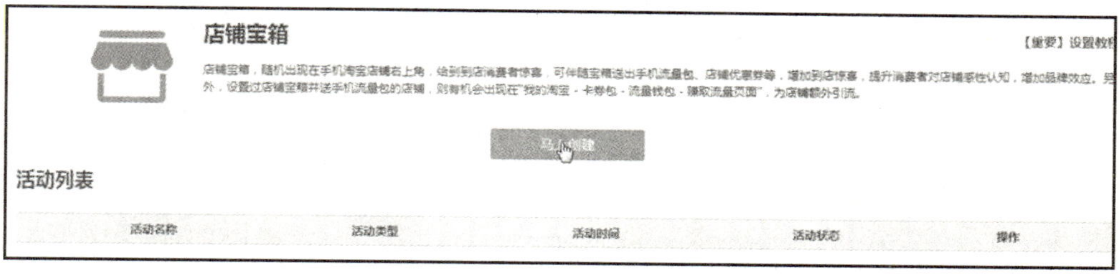

图 8-33　创建店铺宝箱

设置店铺宝箱要先设置奖池，将奖池与宝箱挂钩，这样消费者打开店铺宝箱，才能参与抽奖。先设置奖池名称，奖池有效期，单个买家的中奖频率和次数，选择奖品，店铺优惠券，商品优惠券及实物赠品。其中，奖池名称主要是方便与宝箱活动绑定，奖池中的奖品可以选择手机流量包。如图 8-34 所示。

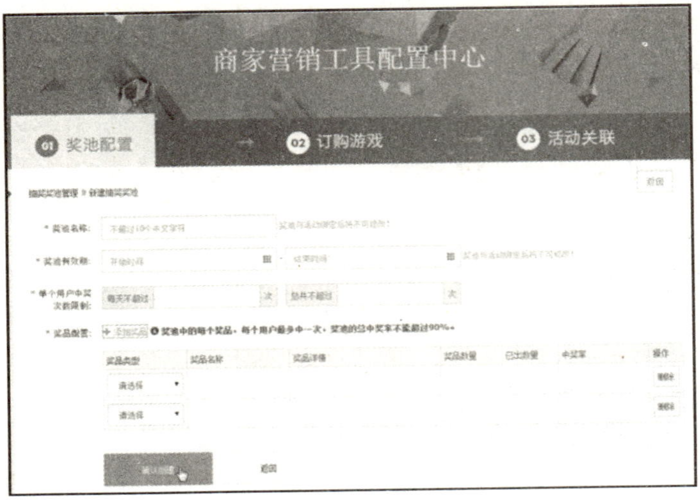

图 8-34　设置奖池

在“奖品类型”下拉列表中选择流量包，首先会要求完成开通流量包协议，如图 8-35 所示。全部设置完成后，单击创建，就完成宝箱的设置。

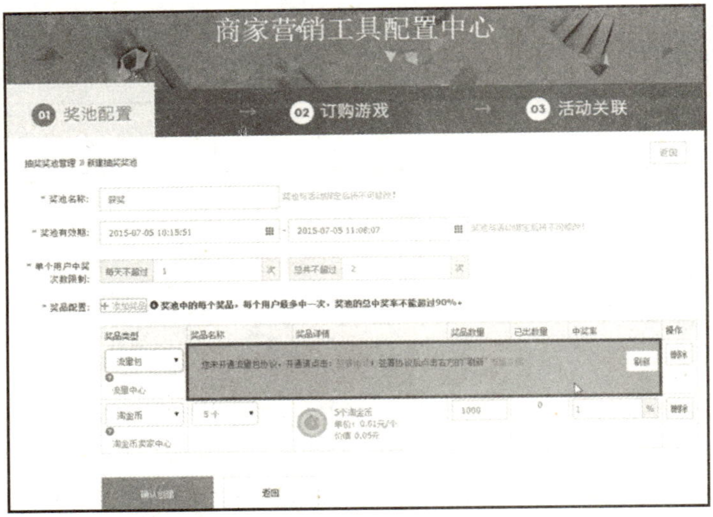

图 8-35　流量包奖品设置

第9章

利用微信获取粉丝

开店指导

微信推广营销是随着微信的火热而兴起的一种网络营销方式。微信不存在距离的限制，用户注册微信后，可与“朋友”形成一种联系，用户订阅自己所需的信息，商家通过提供用户需要的信息，推广自己的产品，从而实现点对点的营销。卖家要善用微信公众平台精准省钱地推送店铺消息，帮助商家在选款、订货上做出正确的决策，同时助店铺提升订单量一臂之力。

9.1 微信内容

吸引粉丝是一个漫长的工作，前期的积累很重要。从某种程度来说，微信和微博粉丝积累是一样的，当人气达到一定数值时，粉丝的增加速度会快很多。但是为什么很多微信店铺开通了很久，就是没有粉丝关注呢？什么内容最吸引粉丝呢？

9.1.1 微信号取名技巧

微信号取名时需要注意哪些技巧呢?

1．简单好记

微信号是唯一的，也就是说如果你喜欢的号被他人抢注了，你一点办法也没有。微信号通常以微店网址、微店名称、品牌名、QQ 号等为人熟知的英文字母或好记的数字为佳。提醒一下，注册公众微信宜早不宜迟，别等好的微信号被人注册你再后悔莫及了。

2．不能太短或者太长

比如一家上海的普通女鞋店，一定不能起名“鞋店”这样的名字，第一这样的名字没有特点，第二太过于宽泛没有针对性，对于微信的搜索引擎来说，这样的关键词一定会排名靠后。名称也不能起的太长，最佳的名字长度为 6～8 个。

3．不能用一些比较冷僻词汇

切忌起生疏的或是没有相关关键词的微信的账号。因为微信的公众账号平台属于封闭性平台，基本都是靠着微信搜索来进行关注的，如果你的微信号没有大的宣传转化，一定要起和你的微信内容相关名字。

4．不要使用宽泛的词汇

对于公众号的描述最好结合百度指数，查找搜索度较高的词汇，要符合网友的搜索习惯。

9.1.2 微信签名

是不是觉得自己的微店不够吸引人，那就先从个人签名开始吧，换上吸引人的签名，还怕没有朋友吗?

（1）启动微信，单击右下角的“我”按钮，如图 9-1 所示。

（2）在打开的页面中单击微信账号，如图 9-2 所示。

图 9-1　单击右下角的“我”按钮

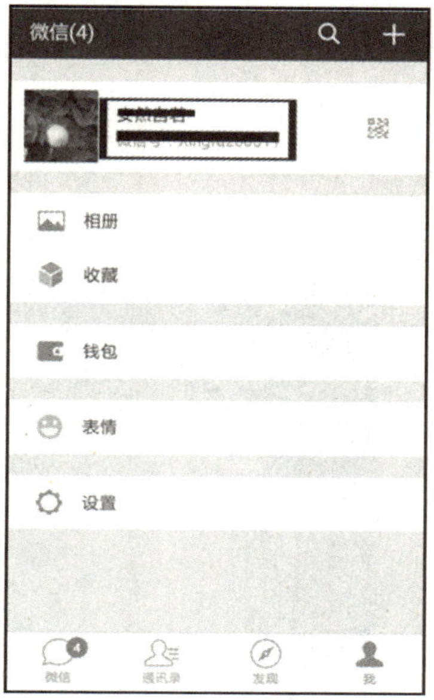

图 9-2　单击账号

(3) 打开如图 9-3 所示的页面，单击“个性签名”后的签名文字。

(4) 在横线上输入个性签名，单击“保存”按钮即可，如图 9-4 所示。

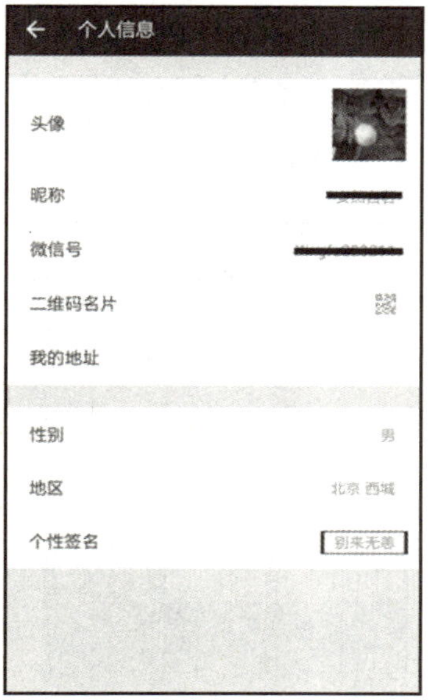

图 9-3　单击签名文字

图 9-4　个性签名

9.1.3 微信头像

在微信中，头像就是微信的脸，可以选择微店标志作为微信的头像，具体操作步骤如下。

(1) 启动微信，如图 9-5 所示。

(2) 单击右下角的“我”按钮，如图 9-6 所示。

图 9-5　启动微信

图 9-6　单击“我”按钮

(3) 进入个人信息后，单击头像如图 9-7 所示。

(4) 头像图片可以从本地图片选择，如图 9-8 所示。

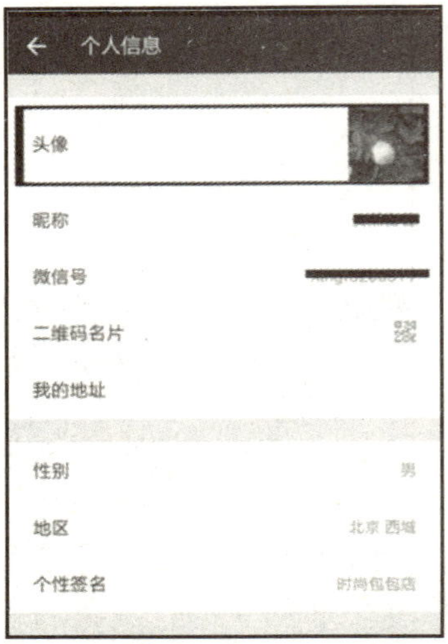

图 9-7　单击头像

图 9-8　选择头像

（5）选择本地相应的图片，单击顶部的“使用”按钮，如图 9-9 所示。

（6）即可上传成功，如图 9-10 所示。

图 9-9　选择图片

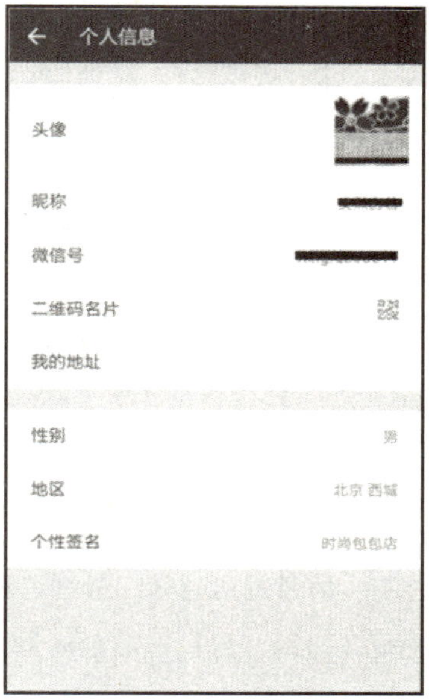

图 9-10　成功上传

9.1.4　丰富内容吸引粉丝

根据速途研究院调查数据显示，61.25%用户是出于休闲娱乐等原因关注某公众平台，如“冷笑话精选”、“娱乐快报”等；41.9%用户关注是为了获取生活百科知识，如“母婴与育儿”获取母婴和育儿的知识；40.86%的用户关注某一公众平台是为了获取时事信息，如关注“头条新闻”等，就会获得最新的时事资讯；25.81%的用户关注某一公众平台是为了获取商家的最新动态，可以及时了解商家的促销信息，获得优惠。如图 9-11 所示用户关注某公众平台的原因。

只有有效的内容对应真实的粉丝才能收到相应的反馈，为粉丝提供他们感兴趣的话题他们才有参与互动的可能。推送的内容一定是有主题性的，有策略性，一定是要系统性的推送。

对于一些商家，微信除了推出一些实用的打折优惠信息外，还可以加入一些品牌文化、产品背后的故事等内容。在这些小故事中再置入优惠信息，对于用户来说，他们既更进一步了解了品牌和产品，又得到了优惠的信息。

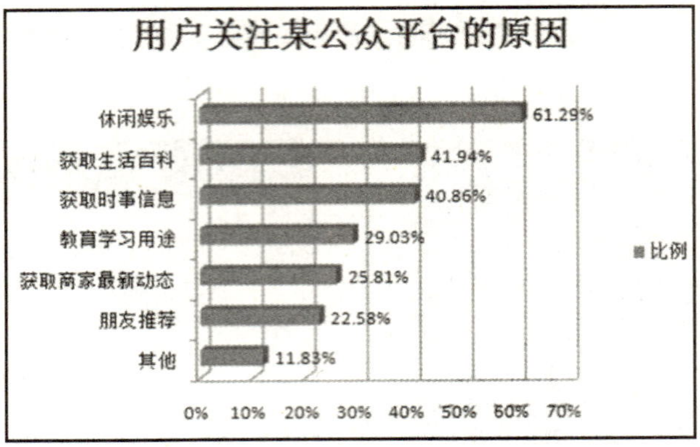

图 9-11　用户关注某公众平台的原因

9.2　微信最好的发送时间

微信公众账号一定要把握好最佳的推送时间，不要让推送的内容影响了用户的生活。根据长期的经验和总结，信息发送时间，最好选在午饭后、晚上睡觉前。

至于推送的最佳时间，我们分两种情况来考虑，即媒体平台型与企业型，根据不同的情况来确定不同的推送时间。

1．媒体平台型

晚上适合推送一些用于培养读者的内容，且最好的时间段为在晚上 17:30 至 19:30 这段时间，也就是在大多数人下班之前把内容推送出去。因为这一段时间大家都在回家的路上，可以利用乘地铁、乘公交车这一段无聊的时间进行阅读。这时内容推送者，也不会有很忙的感觉，在没有下班之前有充足的时间来修改内容，检查一些内容当中出现的一些小的错误，下班之前的 10 分钟只要按一下发送按钮就可以了。

2．企业型

企业型内容要根据目标顾客的碎片化时间，推送内容给目标顾客，最好的推送时间为中午 12:00 至 13:30 这个时间段，因为这一段时间是用户用餐的时间，用餐完以后，就可以利用这一段碎片化的时间来订购企业的产品，这一段时间很适合企业做产品促销活动，因为这个时间段，潜在的顾客可以在线支付购买产品和对产品进行咨询，有利于产品的活动促销，获取更多的产品订单。

微信内容推送时间的技巧。

第一，数据分析。根据微信数据分析来进行规划，因为只有这样你才会知道你的粉丝活动的时间。

第二，因人而异。对不同的营销对象采取不同的时间策略。比如要想在早上推送，对于白领上班族，最佳时间应该是八到九点半，而对于学生族则应该是八点左右。而对于双休日来说晚上时间最佳。

第三，应提前规划好要推送的内容，一般一个星期推送内容二至三次，公众账号的内容尽量是高价值的原创，尽量做到少而精。

9.3　微信增加粉丝秘笈

微信营销到底要怎样做？如何才能增加微信的粉丝数？这是大多数准备微信营销的客户都十分关心的问题，同时这也是一大难题。

9.3.1　QQ 批量导入

可以把自己的 QQ 好友批量添加到微信，这样就可以使用微信与好友对话了，把 QQ 批量导入微信具体操作步骤如下。

（1）进入微信界面中，找到“我”选项并点击进入下一页面，如图 9-12 所示。

（2）在“我”的页面中找到“设置”选项，如图 9-13 所示，点击进入详细设置页面。

图 9-12　单击“我”选项

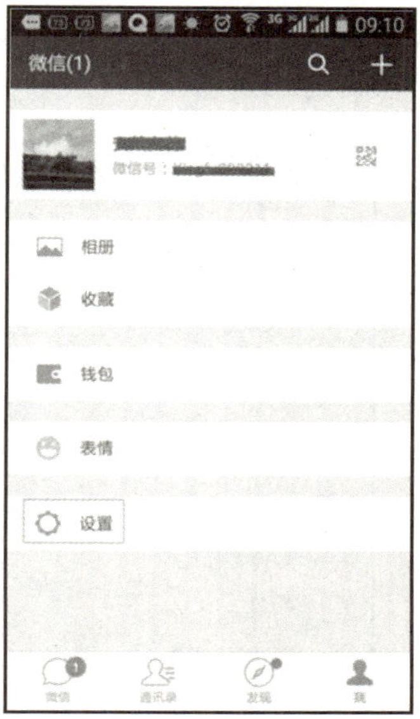

图 9-13　单击“设置”选项

（3）在“设置”页面中，找到“通用”选项，并点击进入下一个页面，如图 9-14 所示。

（4）进入通用页面之后，找到“功能”选项并点击进入下一个页面，如图 9-15 所示。

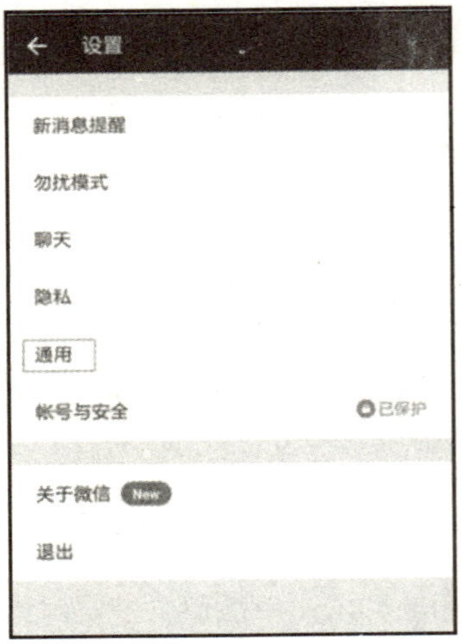

图 9-14　单击“通用”选项

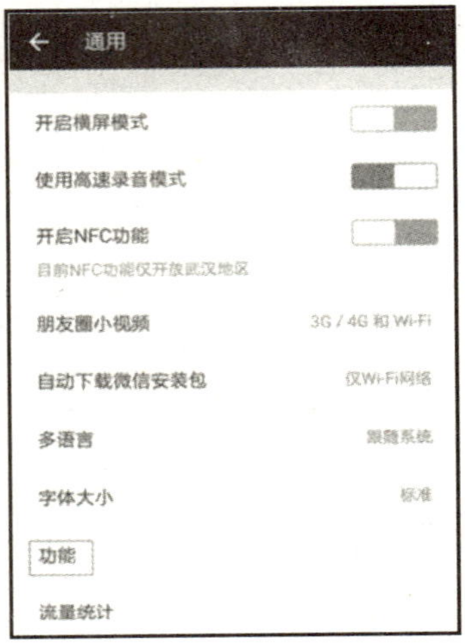

图 9-15　单击“功能”选项

（5）在页面中下方的“未启用的功能”中找到“添加 QQ 好友”选项，点击进入下一步，如图 9-16 所示。

（6）在页面中找到一个绿色的“启用该功能”按钮，并点击开启 QQ 好友功能，如图 9-17 所示。

图 9-16　单击“添加 QQ 好友”选项

图 9-17　“启用该功能”按钮

（7）在微信首页右上角单击“+”按钮，在弹出下拉菜单中选择“添加朋友”选项，如图 9-18 所示。

（8）在添加朋友页面中选择“QQ/手机联系人”，如图 9-19 所示。

图 9-18　选择“添加朋友”选项

图 9-19　选择“QQ/手机联系人”

（9）进入查看 QQ 好友页面，选择 QQ 群组，如图 9-20 所示。

（10）在选择的 QQ 好友后单击“添加”按钮，如图 9-21 所示。

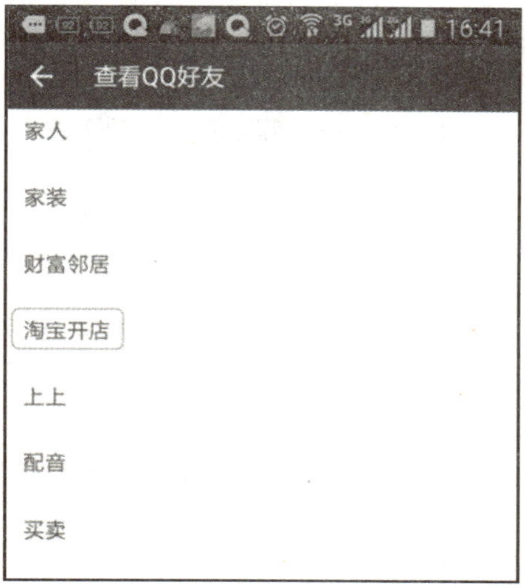

图 9-20　选择 QQ 群组

图 9-21　单击“添加”按钮

9.3.2 手机号码导入

微信营销首先需要有粉丝，这是毋庸置疑的，而将手机通讯录导入微信是其中很重要一个增粉方法，具体操作步骤如下。

（1）在微信首页右上角单击“+”按钮，在弹出下拉菜单中选择“添加朋友”选项，如图9-22所示。

（2）在添加朋友页面中选择“QQ/手机联系人”，如图9-23所示。

图 9-22 选择“添加朋友”选项

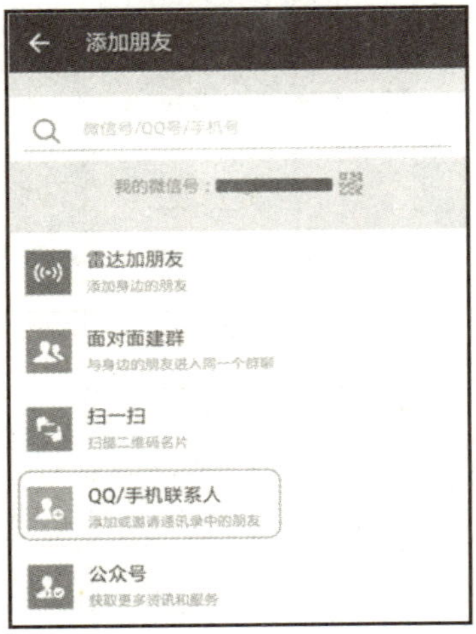

图 9-23 选择“QQ/手机联系人”

（3）选择“添加手机联系人”，如图9-24所示，进入查看手机通讯录页面，在页面中选择要添加的人，单击后面的“添加”按钮即可，如图9-25所示。

图 9-24 选择“添加手机联系人”

图 9-25 单击“添加”按钮

9.3.3　微信合作互推

互推是微博上的玩法，效果还不错，微信互推的效果远比微博互推的效果好。

1. 文末互推

这是大部分微信互推采用的方式，在文章后面互相推荐公众号，粉丝在阅读完内容之后，会看到这些推荐，这种方式的效果不错。互推的个数最好控制在 5 个之内，太多了也没有效果。如图 9-26 所示文末互相推广。

2. 图文合作互推

以多图文方式直接互推，直接呈现在在用户眼中，推广效果比较直接。但是对粉丝的影响比较大，你的粉丝关注你，最主要是要看你的内容，偶尔发一条广告，或者互推没有关系，但如果长期发，势必影响粉丝体验。如图 9-27 所示即图文合作互推。

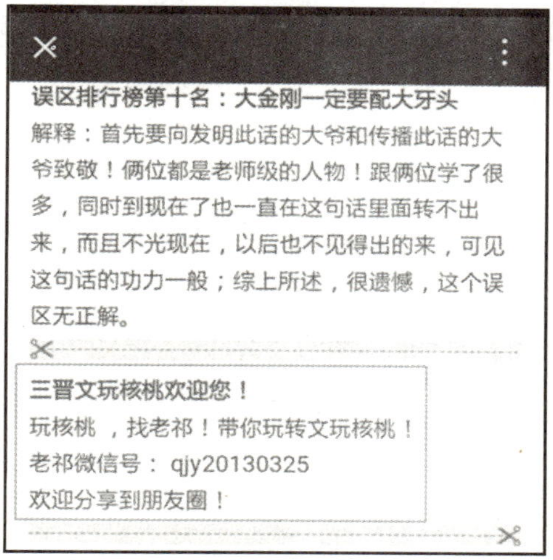

图 9-26　文末互相推广

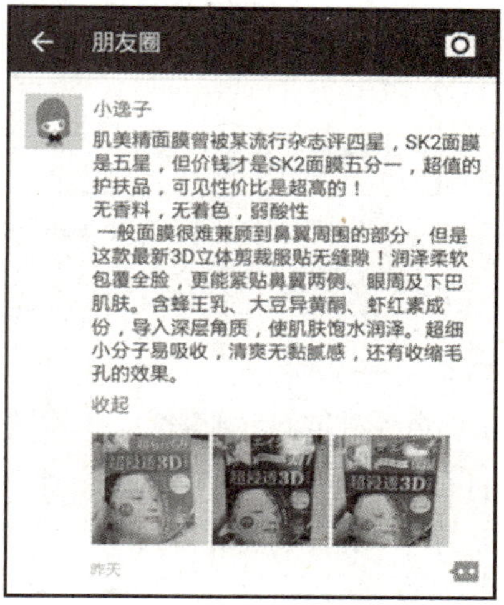

图 9-27　图文合作互推

3. 阅读原文互推

阅读原文互推，就是在文章底部加上原文链接，把原文链接换成互推对象的链接即可，这里只能写一个链接，所以很多人组团互推。粉丝在阅读完该文章之后，会看到一个阅读原文的提醒，如图 9-28 所示，单击之后，就到了这个推荐关注的页面，如图 9-29 所示。

合作互推是一种互利方式，微信方面目前并不会阻止互推，增加粉丝，因此可以考虑互推，但是粉丝的增加最好的还是能自然增加，用优秀的内容去吸引用户，这才是增加粉丝的最高境界。

图 9-28　阅读原文互推

图 9-29　链接到新页面

9.3.4　O2O 活动

O2O 营销模式的关键是在网上寻找客户，然后将他们带到网下的实体店中。它是支付模式和为店主创造客流量的一种结合，实现了微店引流网下购买。

O2O 模式的优势在于，订单在线上产生，每笔交易可追踪，展开推广效果透明度高。让消费者在线上选择心仪的服务再到线下享受服务。

O2O 对商家而言有如下好处：

（1）能够获得更多的宣传、展示机会，吸引更多新客户到店消费。

（2）推广效果可查、每笔交易可跟踪。

（3）掌握用户数据，大大提升对老客户的维护与营销效果。

（4）通过与用户的沟通，更好地了解用户心理。

（5）通过在线有效预订等方式、合理安排经营节约成本。

（6）更加快捷拉动新品、新店的消费。

（7）降低线下实体对黄金地段旺铺的依赖程度，大大减少租金支出。

近几年，除网购快消品发展较快外，网购大件商品也开始呈热门趋势。特别是今年，一些知名的家具企业纷纷开设线上平台，同时也有家具电商企业开设了线下体验馆，O2O 模式在家具行业大行其道。美乐乐微商城是比较典型的 O2O 微店。美乐乐通过线上引流将客户流量转化到线下体验馆进行体验购物，进而完成 O2O 的生态闭环。

美乐乐的客户多数已经在微店看到了较为心仪的产品，到体验馆来主要是做用户体验，消费者的目的性较为明确。尤其是家具这样的大件非标准化的产品，人们更愿意亲手触摸到产品的质量后再确定订单。因此，O2O 模式的存在就格外重要。如图 9-30 所示可以在美乐乐微信商城订购商品，也可以在微信上查找体验馆的位置，如图 9-31 所示。

图 9-30　微信商城

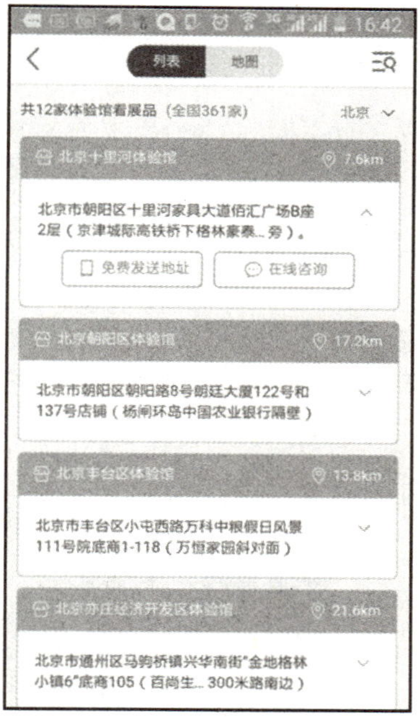

图 9-31　查找体验馆的位置

如图 9-32 所示可以在线下的体验店进行体验购物。

图 9-32　美乐乐体验店门面

9.3.5　开放平台

微信开放平台为第三方移动程序提供接口，使用户可将第三方程序的内容发布给好友或分享至朋友圈，第三方内容借助微信平台获得更广泛的传播。

随着移动互联网的发展，独立的文字和语音通信必将汇入到社会化的通信平台上来。从口信、书信、电信到微信，通信的方式不再是沟通的阻碍，和谁通信、聊些什么将成为新的问题。

因此，微信开放平台实际上起到了汇集第三方内容，促进用户分享和活跃的作用，至于下一步发展，很有可能演变为私人的生活服务平台。

（1）在浏览器搜索框中输入“微信开放平台”，然后单击“搜索”，在搜索出来的结果中，选择完全匹配的搜索结果，单击登录到微信开放平台官网。然后单击右上角的“管理中心”，如图 9-33 所示。

图 9-33　微信开放平台

（2）弹出“登录”对话框，在这里单击“注册”按钮，如图 9-34 所示。

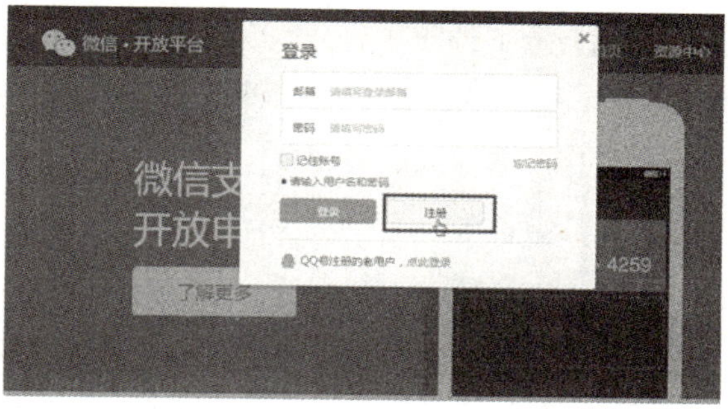

图 9-34　单击“注册”按钮

（3）填写个人邮箱，邮箱要求为没有注册过微信公众平台、开放平台、未绑定微信账号的用户，填写自己的开放平台密码等，然后单击“下一步”，如图 9-35 所示。

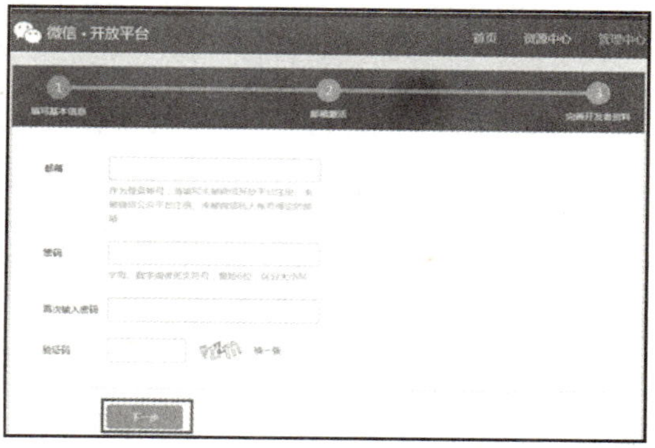

图 9-35　填写基本信息

（4）信息提交成功，弹出确认邮件已发送至邮箱，这里单击“登录邮箱”按钮进入邮箱，也可以直接登录邮箱去查看激活邮件，如图 9-36 所示。

图 9-36　去邮箱查看激活邮件

（5）进入到邮箱，单击微信开放平台发过来的激活链接，进行激活确认，如图 9-37 所示。

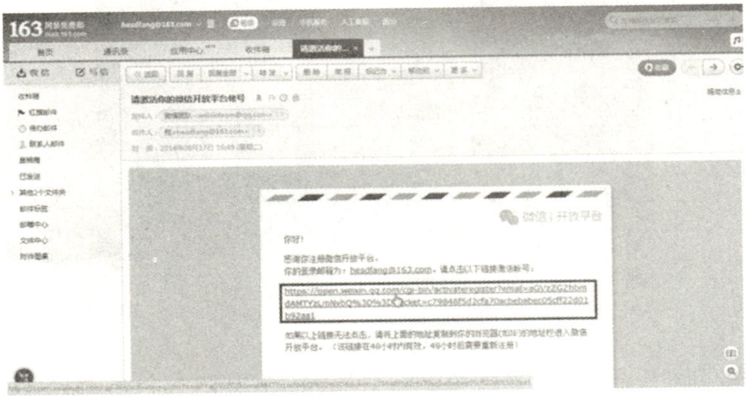

图 9-37　激活邮件

（6）单击激活链接之后，自动跳转到继续注册的界面，继续填写个人的姓名、手机号、住址等信息。填写完毕，单击“完成”提交注册信息，如图 9-38 所示。

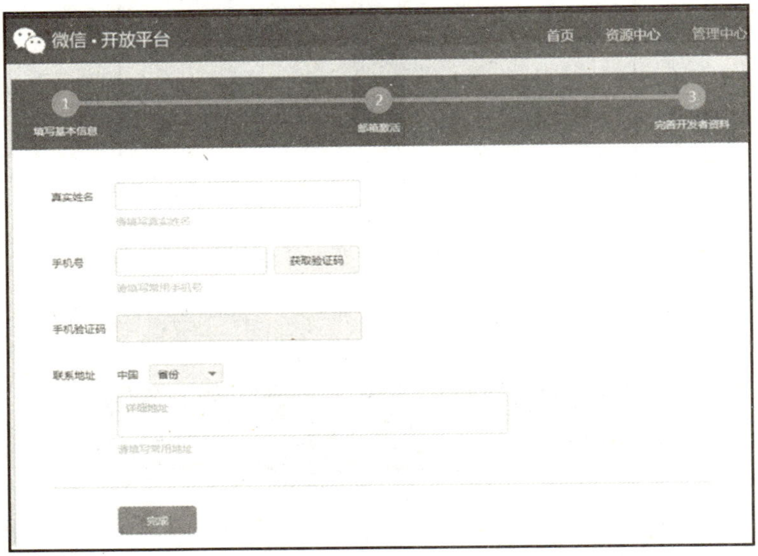

图 9-38　完善开发者资料

9.3.6　位置签名

在微信营销中，众多功能中最能体现其网络营销价值就是位置签名 LBS（基于位置的社交）功能。LBS 精准定位的作用让很多行业在微信中投放促销优惠信息时可谓是事半功倍，起到了很好的营销作用。

现在各大品牌产品纷纷利用微信来营销推广自己的产品。微信解决问题的覆盖面越来越广，这样高效率高回报的渠道令微信的实用性更加强大，更加吸引商户进行营销，使之成为微时代营销的引领者。那么，微信的位置签名 LBS 如何营销呢?

微信可以通过其“找朋友”功能，精确快速定位周边可到达的店面的潜在微信群体，发布新店的开张地址、优惠活动和礼品赠送等信息，吸引更多使用微信顾客到场。微信结合位置签名 LBS 功能，在微信的“朋友们”选项中，有个“附近的人”的功能，如图 9-39 所示，用户可以根据自己所在的地理位置查找到附近的微信用户，如图 9-40 所示。这样，系统不仅可以显示附近用户的姓名等基本信息，而且会显示用户签名档的内容，有心的商家可以利用这个免费的签名广告位为自己的店铺做宣传，甚至可以打广告。如图 9-41 和 9-42 所示。

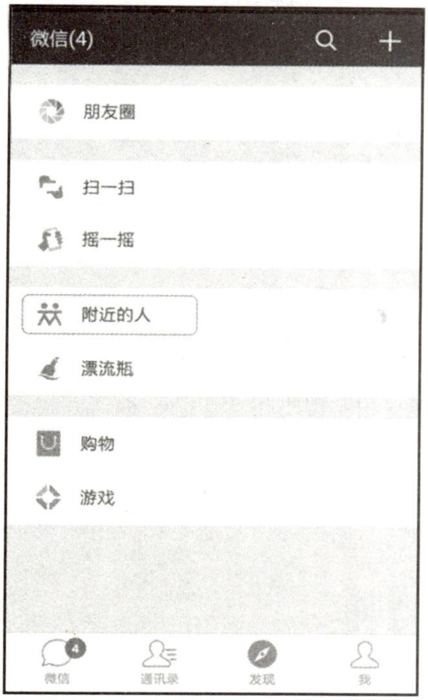

图 9-39　选择“附近的人”

图 9-40　附近的微信用户

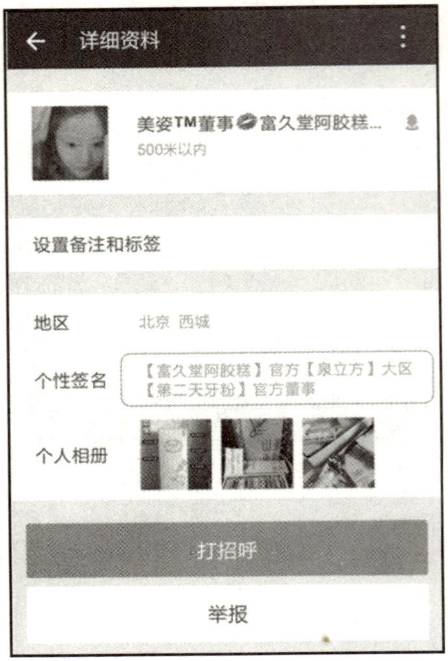

图 9-41　签名广告

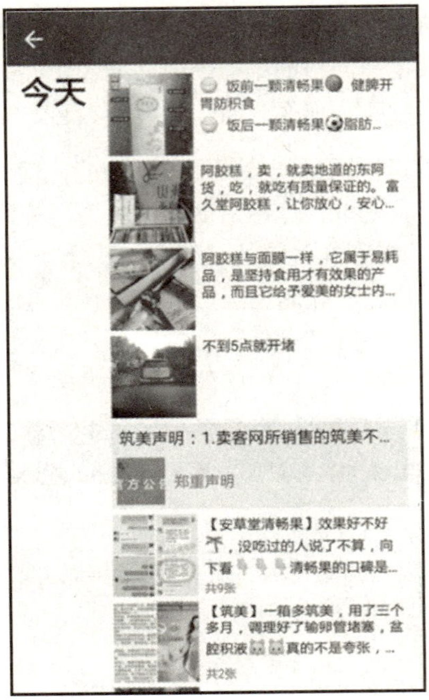

图 9-42　微信朋友圈商品

9.3.7　二维码

微信二维码是腾讯开发出的为配合微信添加好友和实现支付功能的一种新方式，是含有特定内容格式的，只能被微信软件正确解读的二维码。“二维码”已经不是陌生的词汇，这个黑白小方格组成的矩阵图案，只需用手机轻松一拍，就可获得意想不到的丰富信息。而扫描微信二维码是时下非常流行的获取信息的方式。微信二维码，满足客户对流行和实用的双重需求，给客户带来更加便捷的信息交流体验。

随着微信的流行，二维码成了“微客”们的新宠。如今的二维码已经涵盖了人们日常生活中的各种信息，用户可以通过手机微信轻松地获取或者分享给好友。如图 9-43 和 9-44 所示微店的二维码广告。

图 9-43　二维码广告

图 9-44　微店的二维码广告

9.3.8　社交分享式的朋友圈

我们在朋友圈发一条消息，基本上会被 80%以上的人看到。微信的好友都是基于朋友的关系，更容易信任。互动方面也会超过普通微博，和 QQ 空间差不多。QQ 空间更适合于桌面端，而微信朋友圈在移动端则有明显优势。从推广产品的角度讲，微信朋友圈的效果优于 QQ 空间的效果。

微信朋友圈也是一种营销工具。我们在利用朋友圈营销的时候，要先搞清楚你的微信好友喜欢什么，或是你想达到什么样的宣传目的，再来定位你发布的内容，当然内容一定要相关，并且是你的目标好友的感兴趣话题，最好是能够给他们带来一定的帮助。当然每天发布的时间和规律，个人建议发布两至三条内容，过多会引起好友的反感。发布时间可以选择在早上 7 点、中午 11:30、晚上 5:30 比较合适。

在微信做朋友的生意是一种新的电商“朋友销售模式”。有些人在朋友圈营销，获取了极大的收益，也交到了更多的朋友。在朋友圈能积极努力去做营销固然很好，但是一定要有一个度，千万不要影响用户的体验。下面介绍一些常用的广告植入方法。

1. 自己试用

一个产品好坏，第一说服力就是卖的人自己是否使用，为了打消客户的某些顾虑，可以上传自己试用的照片和体会，这样也能让好友感觉更亲切，如图 9-45 所示。

2．客户评价

自己宣传的转化率会比较低，要是有第三个人说你的产品好，这样更容易得到用户的认可，比如客户对产品的评论、聊天记录等。如图 9-46 所示客户评价。

图 9-45　自己试用

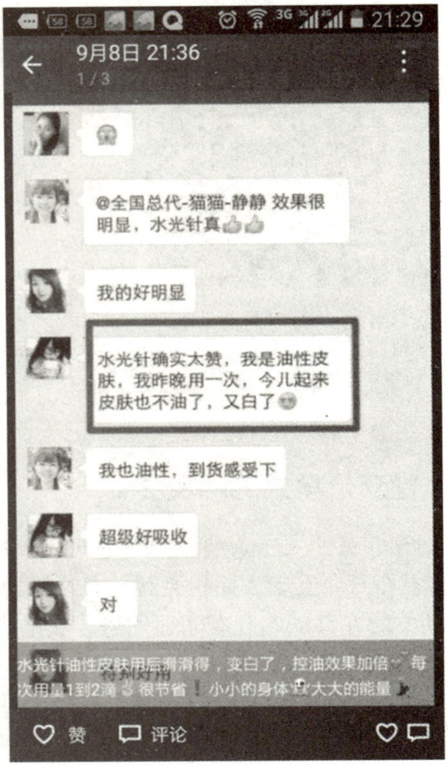

图 9-46　客户评价

3．工作包裹照片

要证明你推荐的产品好，销量大也是重要的证明方法之一，要体现出销量好，可以从工作入手，比如大量包裹单、同事合影等，如图 9-47 和 9-48 所示。

图 9-47　工作包裹照片

图 9-48　工作包裹照片

4．品牌文章分享

一个产品要有说服力，品牌形象一定要做得比较好，所以适当的宣传品牌还是有必要的，尤其是对于要打造新品牌的朋友来说。

5．产品介绍

直接对一个产品进行描述，虽然看起来广告比较“硬”，效果可能差一些，但是对于一些需要展示的产品来说，也是必不可少的。比如被子、十字绣、衣服，都是需要看图片的。

6．活动

活动包括抽奖、赞就送、折扣，用折扣或者优惠来吸引眼光。如图 9-49 所示积攒活动。

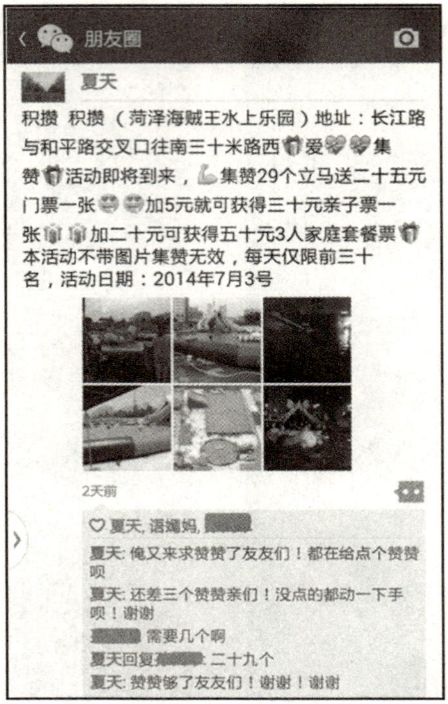

图 9-49 积攒活动

9.3.9 品牌活动式的漂流瓶

漂流瓶实际上是移植自 QQ 邮箱的一款应用，该应用在电脑上广受好评，许多用户喜欢这种和陌生人简单互动的方式。移植到微信上后，漂流瓶的功能基本保留了原版简单易上手的特点。

漂流瓶主要有两个简单的功能：

(1)“扔一个”，用户可以选择发布语音或者文字然后投入大海中。

(2)“捡一个”，顾名思义则是“捞”大海中无数个用户投放的漂流瓶，但是每个用户每天只有 20 次捡漂流瓶的机会。

营销方式：微信官方可以对漂流瓶的参数进行更改，使得合作商家推广的活动在某一时间段内抛出的“漂流瓶”数量大增，普通用户“捞”到的频率也会增加。加上“漂流瓶”模式本身可以发送不同的文字内容甚至语音小游戏等，如果营销得当，也能产生不错的效果。而这种语音的模式，也让用户觉得更加真实。但是如果只是纯粹的广告语，是会引起用户反感的。

在微信 5.0 以前的版本中，微信默认的是没有启用漂流瓶功能的，需要自行开启才能使用。

微信 5.3 如果是 ios 版的话。在微信中选择“设置”—“通用”—“功能”，然后启用漂流瓶，如图 9-50、9-51、9-52、9-53 所示。

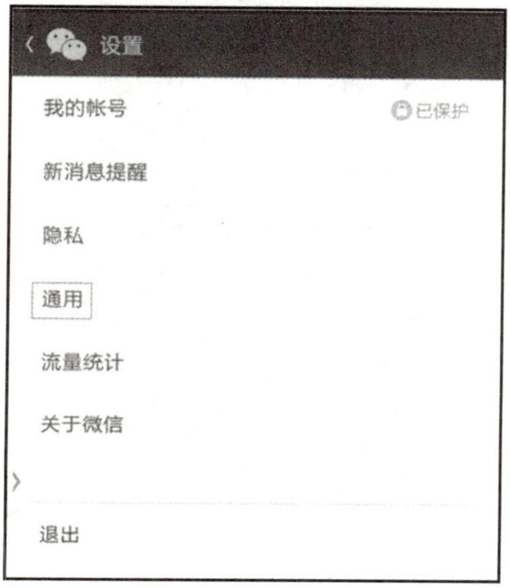

图 9-50　单击“通用”

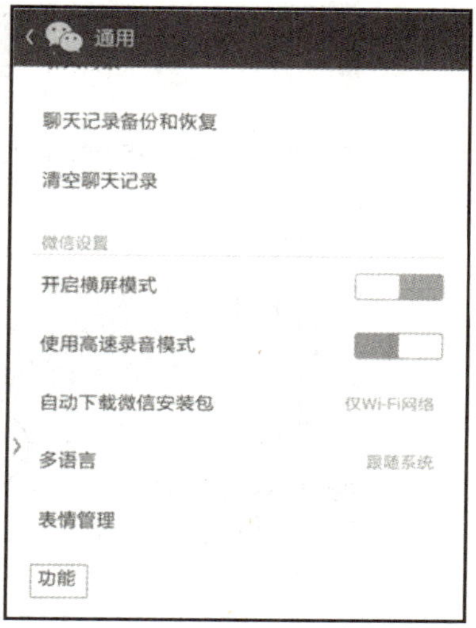

图 9-51　单击“功能”

图 9-52　单击“漂流瓶”

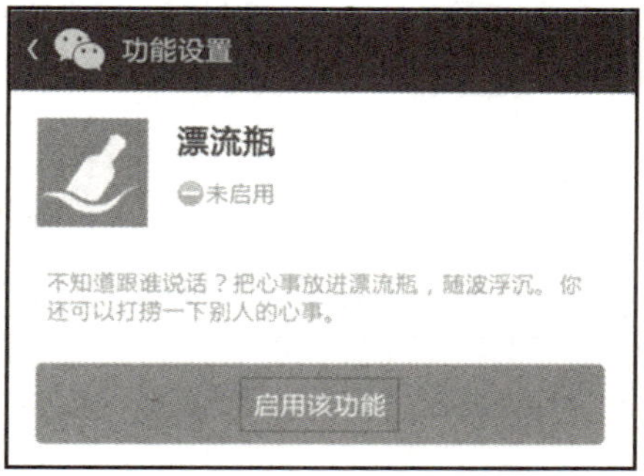

图 9-53　单击“启用该功能”

进入到漂流瓶界面后，就可以进行扔瓶子和捡瓶子的操作，瓶子内容可以包括文字、图片甚至语音信息，如图 9-54 和 9-55 所示。

图 9-54　扔瓶子

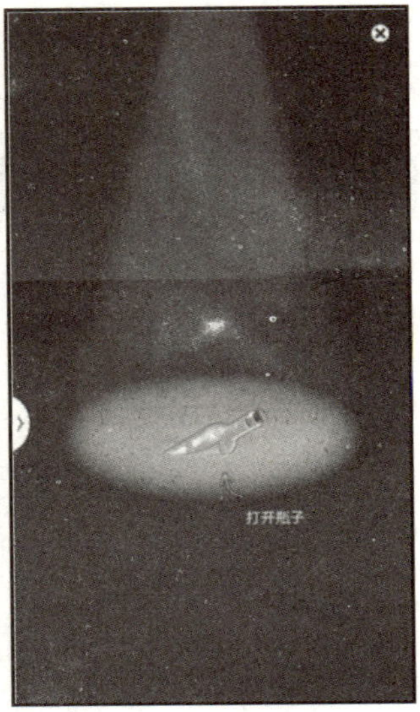

图 9-55　捡瓶子

9.4　微信留住粉丝的技巧

很多微信运营者都把重心放到增加新粉丝上，而忽视了维护上的细节，但是最终留下来的粉丝对你才最有价值。那么怎样才能将微信的粉丝留住呢？

9.4.1　好的内容留住粉丝

现今，很多微店商家都开通了自己的微信公众号，希望借助微信平台推广。微信营销应以内容为王，当内容有实用性、贴近性、趣味性时，微信营销就成功了一大半。那么，在进行微信内容营销时，应注意哪些要点呢？

微信公众号能否留住粉丝，关键还得看内容的质量，内容重点是要找准自己的定位——你想吸引什么样的粉丝，就提供什么样的内容。

另外，内容的排版以及篇数也是影响粉丝取消关注的原因，排版错乱的文章不仅让粉丝反感也会对公众号的印象大打折扣。同时，需要注意的是，公众号每一次推送内容尽量不要超过 5 篇。

微信内容的定位应该结合微店自身的特点，同时又从用户的角度去考虑，而不是一味的只推送自己微店的内容。记住微信不只是为自己服务的，更重要的是为用户服务的，只有从微信中获得用户想要的东西，他们才会更加忠实于你，接下来的销售才会理所当然。要记住内容为王，用户是冲着内容才来的，推荐也是因为觉得内容有价值。如图 9-56 所示，好的内容留住粉丝。

图 9-56　好的内容留住粉丝

9.4.2 好的营销活动吸引粉丝参与

营销活动是微店与粉丝建立关系的最好方式。好玩有趣的活动能很好的拉近与粉丝的距离，让粉丝保持活跃度的同时，也形成了持续的品牌曝光。另外，可通过发放优惠券或者举办抽奖活动，在活动中让粉丝获利，粉丝参与其中，逐步与微店建立信任，或许也会带来一定的销售机会。

我们看看下面这个公式：社交红利=粉丝数量×互动次数×参与度。对微店而言，要想从社交红利中获得商业利益，就不仅仅要考虑粉丝的数量，而且要考虑粉丝与微店之间的互动次数和品牌参与度。

因此，对粉丝而言，参与其中可以直接提升体验水平，继而直接提升微店忠诚度。基于微信公众平台，与线上和线下促销活动相结合，可以不断设计一些线下活动，比如珠宝店可以设计一些相亲活动，培育未来的潜在消费者。小米主要通过小米同城会来让粉丝参与其线下活动，结果大大提升了粉丝对品牌的认同度，其本质上，这些人渴望有一个让自己有归属感的群体，渴望被承认，如图 9-57 所示。

图 9-57　小米同城会

比如问卷查看、刮刮卡抽奖、大转盘、拼图等游戏都是不错的互动形式，结合优惠券、赠品、积分，客户的积极性也会更强。如图 9-58 和 9-59 所示抽奖活动。

图 9-58　抽奖活动

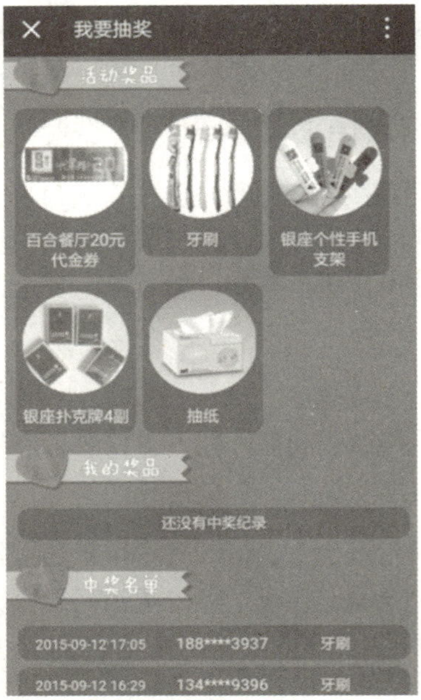

图 9-59　抽奖活动

9.4.3　为粉丝服务黏住粉丝

微信的粉丝服务，大致可以分为功能服务和客服服务。功能服务一般要从用户的刚需出发，它一定得对用户有价值。比如可让用户实现在微信上购物的功能。

另外，很多人经常会遇到在公众号上发送很多消息却没有人回复的情况，这类对于粉丝的提问没有及时回复或者置之不理的公众号，是很难留住粉丝的。即使是一些设置了自动回复的微信公众号也不可能做到面面俱到，因此设置对接微信公众平台的在线人工客服系统还是有必要的。

有不少类商品的专业性很强，商品的意义并不在于本身，而是给客户带来什么。例如发布一些粉丝问题解答集锦，如图 9-60 和 9-61 所示，这些内容都是非常优质的内容，具有很高的浏览价值，用户自然不会反感。

图 9-60　粉丝问题解答集锦

图 9-61　粉丝问题解答集锦

9.4.4　产品折扣优惠吸引粉丝

有调查显示，有近百分之四十的用户是冲着特别折扣信息才去关注一些品牌的。可见，折扣优惠是很重要的内容，但目前有一个误区就是企业微信在运营的过程中，错把折扣优惠信息当街头小广告发布，对折扣优惠信息不进行一些基本的包装，粗制滥造，也不管用户感受，这样发布折扣优惠信息，不但不能吸引用户，反而会让用户厌烦，最终离你而去。

具体发布折扣优惠信息前，应该设计一些精品的专属于微信粉丝的折扣，让他们感觉到一种作为粉丝有 VIP 一样的待遇，这样用户才乐意成为你的粉丝，还会对你发布的优惠信息进行转发传播。如图 9-62 所示发布产品折扣优惠信息。

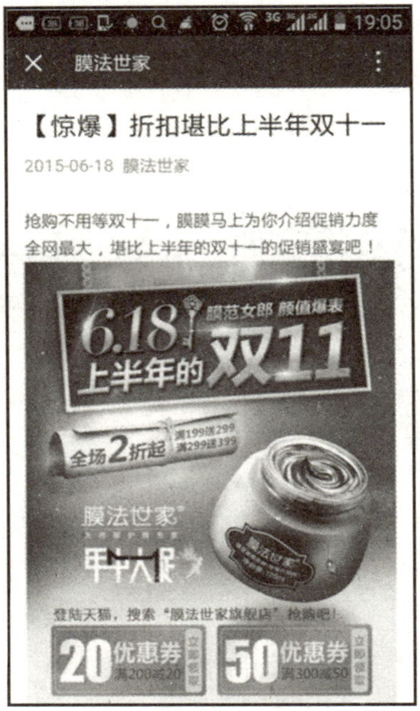

图 9-62　产品折扣优惠信息

第 10 章

其他推广微店产品的方法

开店指导

微店内流量有限，竞争激烈，一块蛋糕被越来越多的人分，实际分到的又能有多少呢?既然站内流量不是很充足，那么是否可以从店外引流量呢?要做微店的推广，还可以在微店外进行推广，本章就来介绍其他微店推广的方法。

10.1 通过 QQ 推广

QQ 是目前使用最多的沟通交流工具，注册人数超过 10 亿，同时在线人数超 2 亿，这么大的一个使用群体当然可以作为微店推广的战场。

10.1.1 通过 QQ 签名推广

QQ 个人设置中有一栏个性签名，这里可以根据自己的爱好、心情来设置自己与众不同的个性签名。当然也可以利用 QQ 签名添加自己的广告，例如添加自己的微店名称。下面讲述 QQ 签名推广微店的方法，具体操作步骤如下。

（1）登录 QQ 后，单击 QQ 头像或者右侧的下三角，在弹出菜单中选择“我的资料”，如图 10-1 所示。

（2）在“资料”对话框中，单击“编辑资料”按钮，如图 10-2 所示。

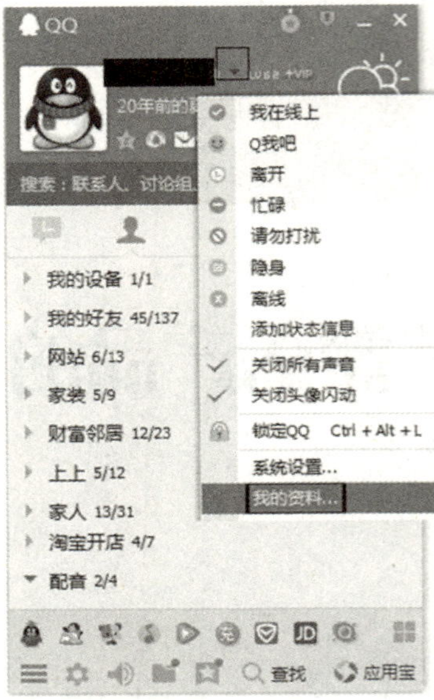

图 10-1 选择“我的资料”

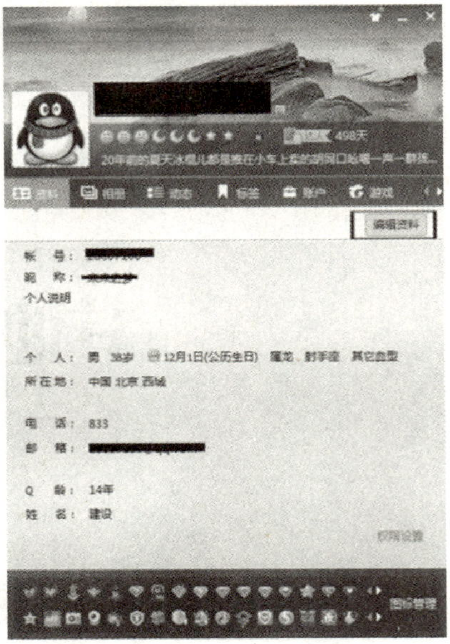

图 10-2 单击“编辑资料”

QQ 签名有一个非常强大的功能，推广微店时最好保持在 80 字以内，把重点说清楚。第一说明微店的经营项目，第二附上自己微店的网址。

（3）在个人签名里可以设置微店的广告信息，如图 10-3 所示。

（4）当好友与你聊天时，聊天窗口上 QQ 头像右边就是设置的 QQ 签名，如图 10-4 所示。这样就可以利用 QQ 签名推广自己的微店了。

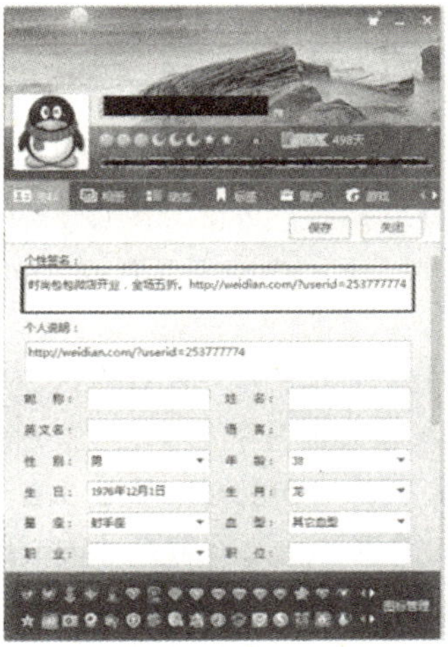

图 10-3　设置个性签名

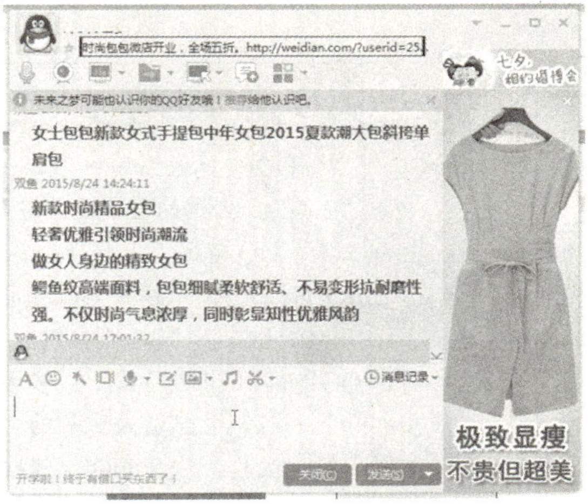

图 10-4　QQ 签名

10.1.2　QQ 空间推广

QQ 空间的营销推广效果还是很好的，特别是品牌的推广，通过 QQ 空间可以带来一些品牌效应。QQ 空间里面日志是具备转载功能的，这就给我们的推广营销带来了有利机会，一篇带有推广信息的日志被一传十，十传百的传播，推广效果肯定不错。

利用 QQ 空间提高流量，就是去别人的空间不断留言，使访客都来到你的空间，在 QQ 空间添加上微店的广告信息。如图 10-5 所示利用 QQ 空间推广微店。

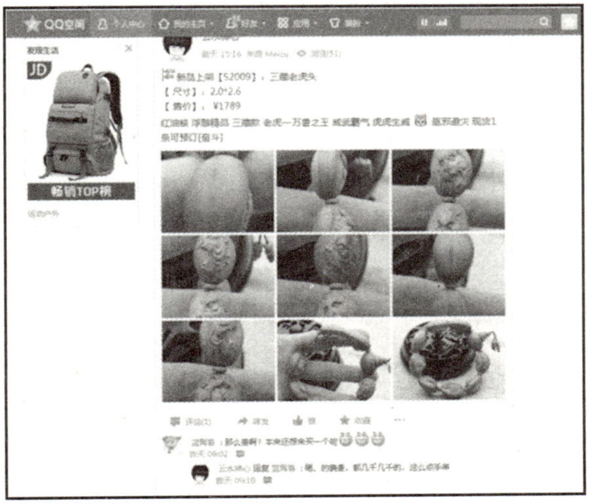

图 10-5　利用 QQ 空间推广微店

QQ 空间推广的方式有很多种，下面介绍一些常用的方法。

- QQ 互踩：QQ 空间互踩是一种常见的 QQ 空间推广方式，在 QQ 群中搜索一下“互踩”，大量的互踩群也说明这一切。如 QQ 空间互踩群、QQ 空间互踩工具、QQ 空间互踩网等。
- 通过搜索引擎优化：这种 QQ 空间推广方法非常有效，可以将你的 QQ 空间内容（日志、相册之类）列出，以便搜索引擎能够索引。
- 通过 QQ 空间本身进行推广：多去访问别人的 QQ 空间，尽量在自己的留言中留下一些能引起别人注意的内容，引导其他用户回访自己的 QQ 空间里面，经过试验，这种 QQ 空间推广方法的回访率还非常高的。
- 论坛中的签名栏：修改自己的签名栏，加上自己的微店地址和经营项目，简短地介绍一下微店，这也是一种推广 QQ 空间很好的方法。
- 丰富 QQ 空间内容：不断丰富自己的 QQ 空间内容，特别是 QQ 空间照片，尽量让访问者下次再来。

10.1.3 QQ 群推广

QQ 群推广方法，说得通俗点就是做广告，把自己的产品、技术、服务等通过媒体广告的形式让更多人了解、接受，从而达到宣传、普及的目的。

在 QQ 群中搜索与微店产品相关的目标群，目标群应是里面的人会对你的产品感兴趣的群。在这里切记一点：不要乱加群。你如果是做女装的，可以加一些女装的群，如果是卖包包的，可以加一些包包群，如图 10-6 所示查找包包群。

图 10-6 查找群

10.1.4 QQ 文章分享

QQ 空间日志还有一个分享功能，这个功能也很强大，用户只需单击一下鼠标就可以把喜欢的文章分享给自己的 QQ 好友。一旦用户分享了我们的文章，那么他的 QQ 好友就会成为我们潜在的粉丝和传播者。这将使我们的文章继续传播下去，效果也将继续放大。如图 10-7 所示 QQ 空间分享。

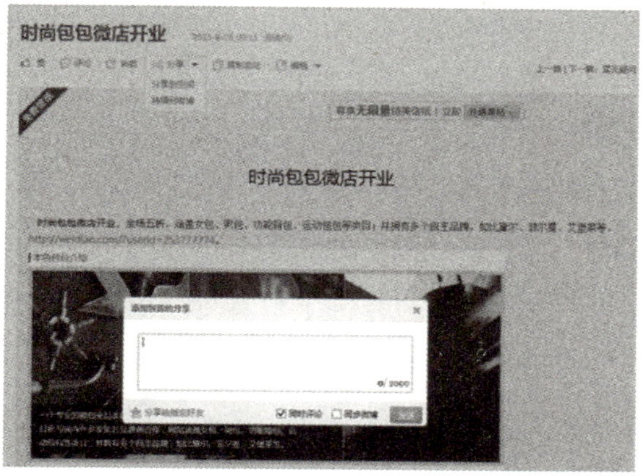

图 10-7 QQ 空间分享

10.2 写出优秀的博文成为博客精英

博客营销是微店利用博客这种网络交互性平台，发布并更新微店的相关概况及信息，以达到宣传目的的营销手段。

10.2.1 做好定位

做好博客营销的第一步就是给博客做一个很好的定位。首先要知道自己想要做一个什么方面的博客，这点可以根据你的兴趣和职业进行选择。

博客名称定位：博客的取名一定要讲究。如何讲究呢？也就是你的主题要突出。比如做女装的，可以使用“时尚女装”作为博客名称。

博客内容定位：一个博客如果想吸引忠实的用户，最重要的就是内容有特点。俗话说，帮助别人就是帮助自己。

博客权威性的建立需要两个途径：一是增加博文的原创性；另一个是需要一个行业的专家言论。在我们实实在在增加博客权威性的前提下，还要找准一个“权威”的博客定位，向浏览者灌输博客品牌定位，当然，要以博客内容的确具有被大部分浏览者认可为理论基础。

在博客权威性确立后，会吸引越来越多的浏览者。拥有了大量阅读群后，你的博客就相当于是一个小媒体。你在上面发布的信息都会有一群固定的人群接收到。这对微店产品及文化、品牌的推广作用都是不可限量的。

10.2.2 建立博客

国内的博客不同于国外，大多数博客都并非是独立的域名博客，即类似过去个人主页式的博客类型。这种独立域名博客在中国没有多少市场，大多数的博客都是依托在如新浪、搜狐、网易、腾讯等第三方博客平台之上的。这些平台不仅提供丰富的模板，同时其大容量博客空间和较为稳定的博客托管服务都让博客作者们有良好的体验。

原则上，第一次开博，可以考虑在新浪、搜狐、网易、腾讯四大门户同时建立，同步更新，也可以在其他博客网站开设博客。下面是常见的知名博客网站地址。

新浪博客：http://blog.sina.com.cn

搜狐博客：http://blog.sohu.com

和讯博客：http://blog.hexun.com

天涯博客：http://www.tianyablog.com

网易博客：http://blog.163.com

中华网博客：http://blog.china.com

此外，有能力的微店和个人，建议考虑建立两套博客系统，一套是独立域名的博客，将博客建立在自己的主机上，一套是在第三方平台上建立自己的免费博客。保持两类博客的同步更新，既可以通过博客平台的推广来奠定自己的声名，又可以有效地吸引流量进入自己的独立域名博客中，从而更好地为将来的博客营销做铺垫。

10.2.3　引人入胜的标题

一篇好的博文不仅要有好的内容，也需要有一个引人入胜的标题。标题是文章的眼睛，能否在茫茫网海中尽快抓住网友的注意力，标题是关键。一个平淡无奇的标题，是不会吸引太多人去看的，这样再好的内容也会失去它的价值。如图 10-8 所示好的博客标题都比较吸引人。

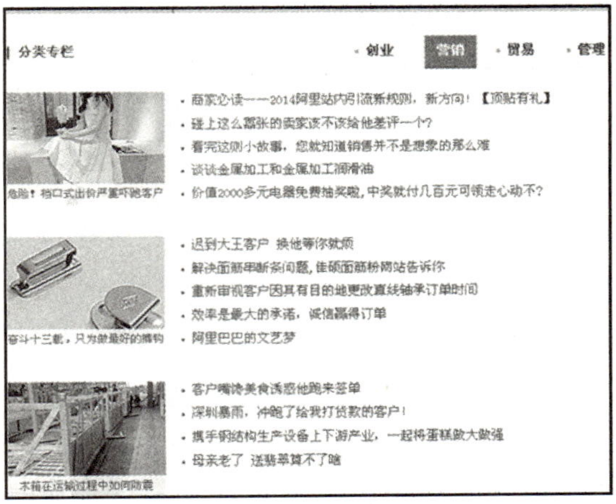

图 10-8　好的博客标题都比较吸引人

怎样才能写出好的标题呢？以下是几种常用的技巧。

（1）紧贴热点。适当贴紧当前的时事和热门话题，用当前的时事和热门话题做标题，可以提高博客排名，增加流量，例如：“超级女生最喜欢的 10 款裙子”。

（2）牛人教育式。以“牛人”或专家的口吻写一些文章，可以增加点击率。如：“年售 500 万微店主教你做宣传”。

（3）数字式的标题篇。如：“日销 10 万面膜是如何做到的”，这种标题也很容易吸引网友的注意。

（4）“如何”式标题篇。这类标题一般写的知识和建议比较强，这类文章大家都喜欢看，因为从中可能会学到一点小知识。比如：“如何做好微信朋友圈的营销”等。

（5）提问式标题篇。通过提问引起人的好奇心，提一个小问题，如果读者恰好也想知道这个问题的答案的话，他们就会点进来看，如：“想要推广微店，你做好了吗？”

（6）命令式的标题篇。这种标题读起来非常有力，有时候能起到意想不到的效果，尤其是否定式的。如："微店推广不能不知的十个原则"。

（7）真相揭秘式。利用人的好奇心，在一个信息不太透明的社会，大家最喜欢听到的是各种真相，人类的求知本能也让大家更喜欢探索未知的秘密。如："小心被宰！揭秘微店代理骗局"。

10.2.4 丰富的文章内容

博客文章最重要的就是内容了，好的内容是浏览者能够认真看下去的必要条件，也是传达作者理念和博客营销效果最大化的必备条件。同时也是留住读者，以及后续回访者的基础条件。

内容是文章的核心、灵魂。所以好博文最重要的就是好内容，好的文章内容有三个特点：实用、创意、易懂。

所谓实用就是写出的文章对读者来说有价值、有用处，能够给读者带来帮助。文章不必追求华丽的辞藻，关键是能够给读者带来价值。

所谓创意就是文章内容比较新颖，让读者眼前一亮，这样容易引起读者的好奇心。

所谓易懂就是文章内容不要太高深，让读者明白你的意思就行了。

丰富的博文内容，可以从以下几个方面来挖掘。

1. 产品功能故事化

博客营销文章要学会写故事，更要学会把自己的产品功能写到故事中去。通过一些生动的故事情节，自然地让产品自己说话。

如何做到故事化？这需要店主平日多留意身边的事情，以及老顾客的反馈情况，凡是和产品有关的事，即使是一些鸡毛蒜皮的小事，只要能给产品带来正面的影响都可以写。如果你有足够的想象力，甚至可以编故事，当然这些故事一定要围绕着产品展开。如图 10-9 所示产品故事化。

图 10-9　产品故事化

2．产品形象情节化

当我们宣传自己的产品时，总会喊一些口号，这样做虽然也能达到一定的效果，但总不能使自己的产品深入人心，打动客户，感动客户。因此最好的方法就是把你对产品的赞美情节化，让人们通过感人的情节来感知和认知你的产品。这样客户记住了瞬间的情节，也就记住了你的产品。

3．行业问题热点化

在博客文章写作过程中，一定要抓行业的热点，不断地提出热点，才能引起客户的关注，通过行业的比较，显示出自己产品的优势。要做到这些也就要求博主平时关注时事，关注同行。知己知彼，方能百战不殆。

4. 表现形式多样化

生动的文章表现形式会给人耳目一新的感觉，可以从不同的角度，不同的层次来展示产品。可以以拟人形式或者是童话形式等。越有创意的写法，越能让读者耳目一新，也就记忆越深刻。

5. 产品博文系列化

这一点非常重要，博客营销不是立竿见影的电子商务营销工具，需要长时间地坚持不懈。因此，在博文写作中，一定要坚持系列化，就像电视连续剧一样，不断有故事的发展，还要有高潮，这样博文影响力才大，才能留住读者。

6. 博文字数精短化

博客不同于传统媒体的文章，既要论点明确，论据充分，又要短小耐读；既要情节丰富感人至深，又不能花太多的阅读时间。所以，一篇博文最好不要超过 1000 字，坚持短小精悍是博客营销的重要法则。

7. 博文内容有价值

博客文章真正能起到营销作用在于文章能给予读者所需要的东西。营销类博客和其他博客的最大区别就在此，其他的博客可以抒发情感、随心所欲地写，但营销博客不可以，不仅要保证每篇博文带来应有的信息量，还要有知识含量、趣味性，另外要有经验的分享，让访客每每访问你的博客都有所收获。这是黏住客户最好的方法。如图 10-10 所示博文提供了美容小知识，这些知识对读者来说是有价值的内容。

图 10-10　博文内容有价值

10.2.5 撰写博文的技巧

博客的更新非常关键，最好每天都能够更新，这样才能吸引访客天天来访问你的博客。不过，博文的撰写有许多技巧。

（1）多用口语化的写作手法来写：博客写得太生硬，访客会看起来很累，所以写的时候，最好能够用口语化的语言，这样会让读者感觉很贴近，读起来也轻松。

（2）多分段：有许多人写文章都是密密麻麻一篇，整篇文章就一个段落，看一眼就让人头大，这样的文章很难让访客去读完。所以写博客一定要善于利用段落和空格。可以写上一大段话，就另起一个段落。这样会让访客的眼睛有一个休息停顿的时间，也会让访客感觉一目了然，读起来轻松愉快。

（3）多用标题：大标题更容易让读者抓住文章的主要内容，而列表项则可以让文章条理清晰。对篇幅比较长的文章，两种方式配合起来使用会有更好的效果。

（4）用心写博客，要把写博客当作一项事业来对待。

所写的内容，所写的主题都应该是你所擅长的，而且写出来的内容都应该言之有物。

大到版面的安排，小到文字内容的校对，如语法正确与否，是否有错别字都应该认真对待。

更新博客的时间，更新文章的数量，都应该有规律可依，让读者从不习惯到习惯，从习惯到依赖。

（5）博客文章结尾出要写上：版权所有，欢迎大家转摘，转摘请注明作者和出处。

这句话特别重要，因为很多网友看了你的文章觉得很好，想转摘，可能会怕没有经过你的允许，私自转摘对你不尊重，但是联系你又太麻烦。如果你的结尾处有这样一句话，就会提醒你的读者帮你把文章转载，帮你宣传。如图 10-11 所示。

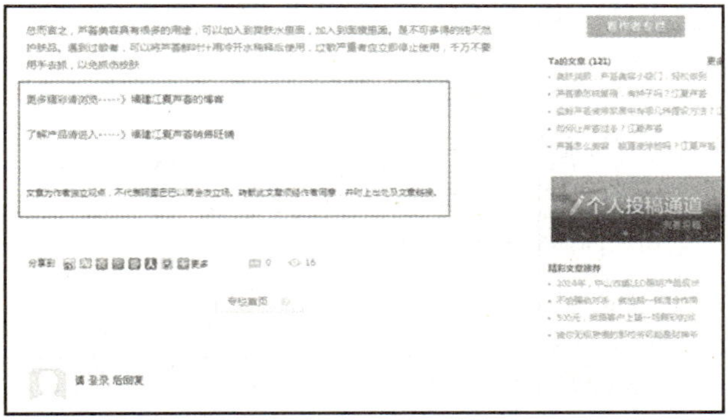

图 10-11 文章结尾写上版权

10.3 精心打造你的微博

众所周知，如今微博火爆，而作为微店的卖家，在为自己微店做推广的同时，也应该把如何利用微博推广微店的技能了解一下，相信对大家有些帮助。微博推广最主要的特点就是“快捷”和“方便”，但是最关键的问题是，自己的微博本身要拥有大量的听众或粉丝。只要拥有了大量的听众，那么微博推广就有一定的效果！

10.3.1 利用微博做个微店促销海报

微博是很好的一个渠道，如果微博推广的好的话，会带给你意想不到的客流量。目前新浪微博增加了头顶栏，大概是 980×300 像素，那么可以利用新浪微博的这个功能，为我们的微博增加属于自己的促销海报栏。

（1）首先，单击个人首页右上角的齿轮，单击“模板设置”，如图 10-12 所示。

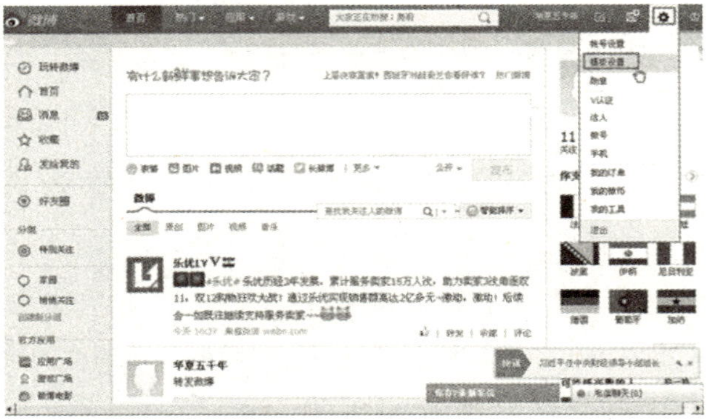

图 10-12 单击“模板设置”

（2）进入模板选择页面，然后单击“自定义”按钮，如图 10-13 所示。

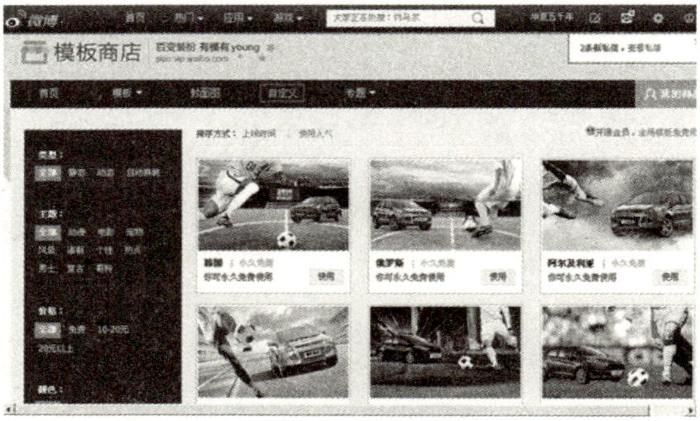

图 10-13 单击“自定义”

（3）进入“个性设置”页面，单击“自定义模板”，如图 10-14 所示。

图 10-14　“个性设置”页面

（4）进入自定义页面，单击“上传图片”按钮，如图 10-15 所示。

（5）弹出“选择要加载的文件”对话框，选择要上传的文件，如图 10-16 所示。

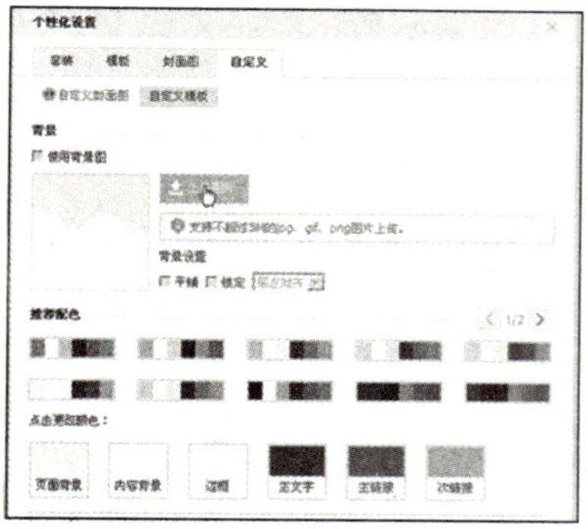

图 10-15　单击“上传图片”按钮

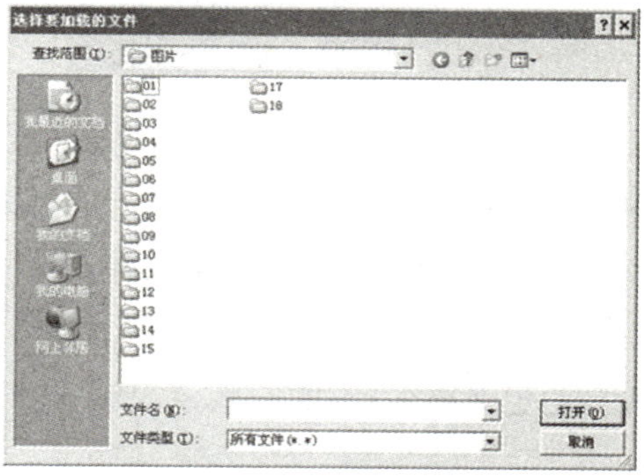

图 10-16　选择要上传的文件

（6）上传文件后，如图 10-17 所示。

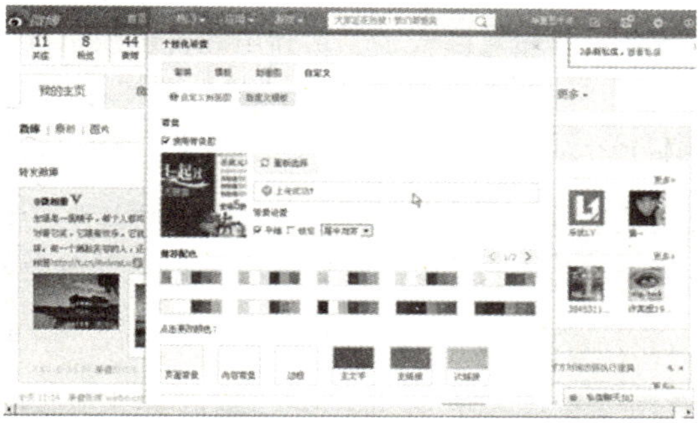

图 10-17　上传文件后

（7）上传图片后，单击保存按钮，最终的案例如图 10-18 所示，可以看到在微博顶部添加了宣传海报。

图 10-18　宣传海报

另外我们要注意，不仅可以设置海报，而且可以把我们的产品，或者想要传递的信息，通过自定义模板做免费的微博营销。设置完成之后，系统还会自动帮你发布微博，通知你的粉丝你更换了新的海报，宣传功能显而易见的。

还能修改自己微博页面的微店颜色，修改自己的配色方案，使微博看起来就像微店一样的色彩格调。

10.3.2　必须明确主题定位及内容定位

主题与内容的定位是微博人气最为关键的因素之一。很多微博主不注重微博的主题定位，只是一味地发布众多时下热点话题和笑话段子。这样虽然可以吸引其他用户的关注，但是久而久之让人感觉到微博内容杂乱。同样的，这样吸引来的粉丝群体也比较杂，什么类的粉丝都有，但是垂直度不高，受众群体不一。如图 10-19 所示的微博有明确的定位。

清晰的主题和内容的定位能够吸引来的粉丝群体统一，而这些粉丝往往会是你的忠实粉丝。但是，清晰的主题定位不是一味的局限于本主题的内容发布，微博内容的发布还是需要多元化的。

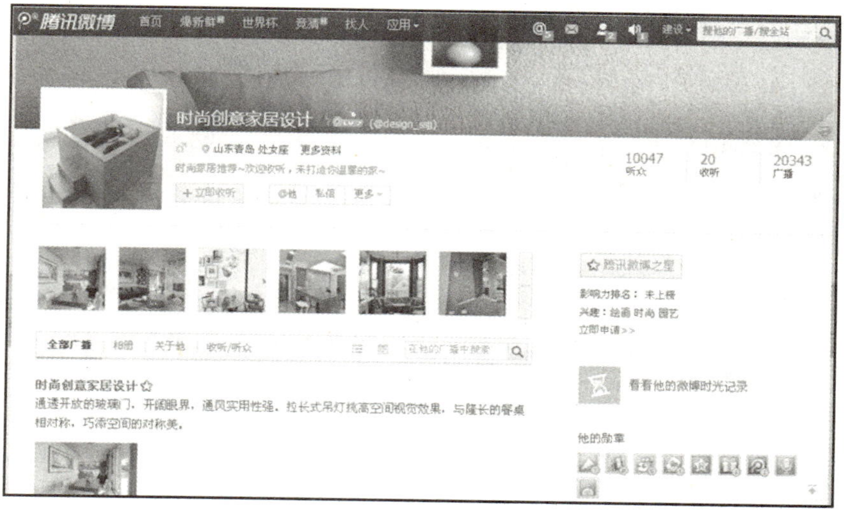

图 10-19　微博有明确的定位

10.3.3　微博的头像要有特点

可以选择与微博主题定位相结合的头像图片。如果你的微博主题与女性话题有关，你可以使用美女头像。但是如果你的微博主题定位与女性话题相距甚远，建议不要使用美女头像。如图 10-20 所示，微博主题是家居类的话题，公司名称是“枫叶家居”，头像采用与微博主题一致的图片。

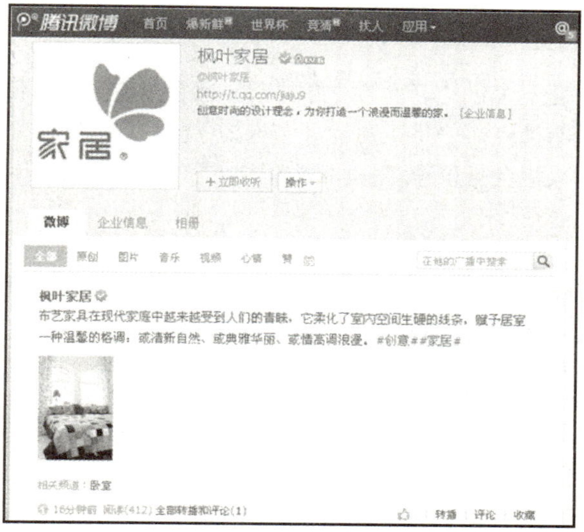

图 10-20　微博头像与微博主题一致

10.3.4 给自己的微博取个好名字

一个成功的微博，不仅要有好的内容，还要有一个足够吸引人眼球的微博名字。

1. 名称要简洁明了

微博名称如果太长，会导致别人无法快速记下你的微博名字，这将会直接影响微博的回访数量。微博名称过长对自己微博的美观也会有影响。

2. 微博名称使用中文

如果是中文微博，用中文比较好。很多人喜欢用英文作为微博名，不建议这么做。

首先，相比英文来说，中文更具亲和力，而英文是另一个国家的语言，这样会显得淡漠疏远；

其次，中文通俗易懂好记，访客也可以通过搜索引擎找到你，一些微博尤其喜欢用复杂的英文单词作为微博名，这样的做法更是错上加错，如果你真的很喜欢英文，也建议你用一些简单易记的单词。

3. 微博名称应注意语法

很多人喜欢把自己的微博名弄的异于常人、标新立异，以为这样的特立独行是个性的表现。其实，追求个性固然是好事，但是也不能太过于夸张，例如出现语法错误就是很不应该的，这样既不容易被人记住而且对于 SEO 优化也存在一定的影响。

4. 微博名称要贴近主题

如果你的微博有一批忠实的读者而且主题鲜明，那么在给微博取名的时候就一定要注意联系主题，这样做的好处有两点，一是让读者对你的文章产生信赖感，二是体现你的专业度，这样一来，订阅你微博的人也会越来越多，你的微博也将离成功更近一步。

5. 捕捉关键词

相对于其他类型网站，世界各大搜索引擎似乎更偏爱微博站点，所以在为你的微博取名时懂得抓住关键词，能让你的微博在各大搜索引擎的搜索率迅速攀升，大大增加微博的流量，如果你是以追求流量为主的微博主，建议你抓住与微博相关的关键词，对你来说这将是个有利的选择。

6. 取个联想型微博名

何谓联想型微博名，顾名思义，就是你的微博名能让人产生联想并且有欲望进入你的微博，进而阅读你的微博，当然，微博名只能引起别人一时的注意，真正想长期留住读者并建立固定的阅读群还是要有内涵和足够吸引人的微博内容。

所以说一个好的微博名字能让人产生先入为主的好感，想做好微博推广，前提是把名字取好，然后运营好自身微博，做好策略，方可成功。

10.4　邮件推广，也能让你流量上万

推广微店的方法很多，主要看怎么用，善于发现也是很重要的。电子邮件是我们平时比较常用的工具，但是要是运用到推广上，可能有人就没有想到这里了。我们来看看怎样用邮件来推广微店吧。

10.4.1　电子邮件推广

以电子邮件为主要的推广手段，常用的方法包括电子刊物、会员通信、专业服务商的电子邮件广告等。基于用户许可的 E-mail 营销与滥发邮件不同，如图 10-21 所示即为利用电子邮件推广微店商品。

图 10-21　电子邮件推广微店商品

参加电子邮件营销推广的优势有以下几点。

1．即时性强

相比其他网络营销手段，电子邮件营销速度非常快。搜索引擎优化需要几个月甚至几年的努力，才能充分发挥效果。博客营销更是需要时间以及大量的文章，而电子邮件营销只要有邮件数据库在手，发送邮件后几小时之内就会看到效果，产生订单。

因特网使商家可以立即与成千上万潜在的和现有的顾客取得联系。研究表明，绝大多数互联网用户在 24 小时内会对收到的 E-mail 做出回复，而在直接邮寄活动中，平均回复率不到 2%。

2．响应率高

由于发送 E-mail 的成本极低且具有即时性，因此相对于电话或邮寄，顾客更愿意响应营销活动。相关调查报告显示，E-mail 的点击率比网络横幅广告和旗帜广告的点击率平均高约 5%～

15%，E-mail 的转换率比网络横幅广告和旗帜广告的转换率平均高约 10%～30%。

3．成本低

电子邮件营销之所以效果出众，甚至造成垃圾邮件横行，最重要的原因之一是成本十分低廉。由于营销活动无须印刷或邮寄费用，因此 E-mail 营销的单位信息成本要远远低于直接邮寄。

4．针对性强

E-mail 营销具有很强的定向性，可以针对特定的人群发送特定的邮件。首先，根据需要将客户按行业或地域等方面进行分类，然后针对目标客户进行电子邮件群发，使宣传一步到位。

10.4.2 让客户一定回复你的邮件技巧

如果你辛辛苦苦地给潜在客户发了大量的电子邮件，而客户收到后看也不看就直接删除到垃圾箱里，这样你的工作是不是白做了呢？下面介绍几条让客户看到邮件后回复的技巧。

（1）邮件标题是客户求购的商品名称，而不要加其他的多余语言，这样，客户打开你邮件的可能性一般可达到 80%以上。

（2）开头语言简洁，一带而过，可立即拉近与客户的距离，而对客户来说过多的废话实在是多余。

（3）简洁开头后，必须立即进入正文，即报价，因为客户最关心的无非是商品规格与价格而已。

（4）所报的价必须是实价，必须与现有的市场行情相吻合。价太低，客户知道你不是做该行的，不会理你；价太高也会吓跑客户，客户也不会回复你。所以切勿乱报价，应了解清楚、多比较后再报价。

10.4.3 邮件推广营销的营销诀窍

如今有不少电子邮件营销服务商提供了预先设计好的模板，客户可以根据自己的需要来进行选择。虽然使用了模板，但是最好还是要进行一些特殊的设计。比如使用什么颜色与字体，字体的大小，如何安排正文内容等。通过以下的技巧，你所创建出的营销邮件不仅能有良好的视觉效果，而且还可获取较高的成功率。

诀窍 1：将微店 logo 固定在同一位置

在每次发送营销邮件时，也要借机树立微店的品牌形象。将微店 logo 置入每封 E-mail 中是一种有效的方法。最好是将 logo 固定在同一位置，可以是 E-mail 顶部的显眼处。

诀窍 2：善用 E-mail 预览框架

近期一份调查显示，70%的客户会被邮件预览吸引，进而打开邮件进行仔细阅读。这意味着你的客户或潜在客户在决定完整打开邮件之前，或许只会注意到 E-mail 中的一部分。因此，确保你的微店 logo 及其他重要的信息都能够显示在预览窗口内。

诀窍 3：使用统一字体

在一封营销邮件中，一般建议最多使用两种字体。比如一种字体用来撰写正文；另一种字体用来显示大小标题。因为如果使用了非常规的字体，有些客户的电脑不一定能正常识别。

诀窍 4：运用不同颜色来强调重点

在决定使用哪种颜色时，应优先考虑使用微店的基准色。持续使用一种基准色是突出微店品牌形象的关键。运用不同颜色来高亮显示邮件正文中重要的内容，能帮助浏览者更轻松地抓住重点。

诀窍 5：简洁明了、突出重点

许多客户在浏览营销邮件时都是一目十行，因此，你的 E-mail 只有几秒钟时间来决定能否吸引他们的注意力。保持 E-mail 的简洁明了、重点明确是一个有效的方法。专家也发现，许多邮件都可以在初稿的基础上再减少将近一半的内容，同时也不会影响到表达的完整性。

诀窍 6：使用图片作为补充

在营销邮件中加入图片能让 E-mail 更加生动并引人注目，帮助你更好地传递信息。但如果图片质量太差，反而会影响浏览者对你微店的印象。因此在选择图片时，要挑选那些简单、易于理解，并且与正文内容有直接关联的图片。

诀窍 7：行文排版、巧用空行

空行可以让浏览者的眼睛得到休息。否则，面对一大堆没有划分段落的文章，他们不知从何阅读。确保你的邮件在标题、正文与其他主要内容之间保留足够的空行。

诀窍 8：切勿在图片中嵌入正文

有些人会在接收 E-mail 时关闭图片显示功能。因此，不要在图片中嵌入正文。正文内容应当单独显示。

诀窍 9：简约而不简单

在设计上有这么一句名言：简约而不简单。那些看上去整齐划一，能够明确表达信息的邮件更能获得反响。邮件营销的目标是让浏览者看后采取一些行动，比如访问你的微店，获取一些产品信息等。

10.5 玩转百度，轻松增加微店浏览量

百度是全球最大的中文搜索引擎，对互联网有点了解的人都知道百度的魅力。如果你的微店能在百度搜索中排上名，那微店的浏览量会有很大的提高。下面将介绍如何在百度上做推广。关于百度搜索引擎的推广，前面已经讲述过，这里就不再介绍了。

1. 百度贴吧

百度贴吧是目前百度品牌里活跃量最大的一个地方。流量是很大的，卖家也要好好利用这里的资源。如图 10-22 所示即为百度贴吧。

图 10-22　百度贴吧

2. 百度空间

如果在百度空间发一篇文章，第二天你搜索的时候，一般会在搜索中出现，在搜索的时候会有优先权。可以利用这一点在百度空间里发一些软广告。根据自己店里所销售的商品发一些相关的内容，在发布的时候，标题多写几个关键字，记得在每篇文章结尾处加上自己微店的链接，这样当别人搜索的时候，很容易就可以看到你的文章，看你文章的同时又看到了你的微店，也就看到了你质优价廉的商品。如图 10-23 所示即为在百度空间推广微店。

3. 百度知道

可以在百度知道上回答别人的问题。记得要有选择地回答，在回答问题的时候，下面有一个参考资料的位置，这个位置是我们需要的，每次回答问题的时候我们都可以把自己微店的链接写到那个地方，记得认真回答，如果你的问题被采纳为最佳答案的话，浏览量会成倍地增长。

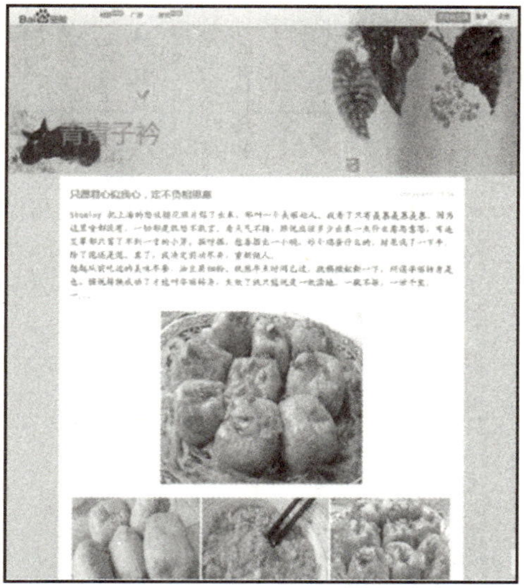

图 10-23　百度空间

4. 百度百科推广

百度百科推广相对来说就要难很多，但是它的精确度很高，基本上每个词语都有一个百科的，而且百度的百科权重非常的高。不信你可以去搜索来试试看，任何一个有百科词条的词语，排名都在百度搜索的首页出现，如果你能在上面贴上你微店的地址，也是很好的推广方式。

5.百度经验推广

百度经验也是一块肥肉，而且它很容易成功，是最好贴微店地址做广告的地方。方法很简单，就是按他的要求分享经验。至于经验的话，你完全可以去网上一些网站上大把的经验分享文章，再加上自己的评论语言，上传上去就能成功了。

10.6　在分类信息网站推广

分类信息网站发展的核心是给用户提供及时、方便、切实有用的关乎日常生活的信息。说得简单一点就是便民，要让分类信息网成为便民信息网，信息不仅要大而全，更要新而快，还要实用易用。除了本地用户最关心的本地天气预报、实用电话、本地公共交通查询、旅游出行路线地图等信息要完善方便外，分类信息网最核心的板块是房产、人才招聘、二手交易信息和征婚交友。所有信息都与老百姓密切相关，为大家提供了一个足不出户即可知天下事、得天下物的平台。在分类信息网站上也可以推广自己的微店。

作为国内重要的分类信息平台，站台网为用户提供免费发布各类与生活有关信息的平台，这些信息包括房屋租赁、二手房买卖、求职招聘、买卖交易、教育培训等。如图 10-24 所示即为在 58 同城推广商品。

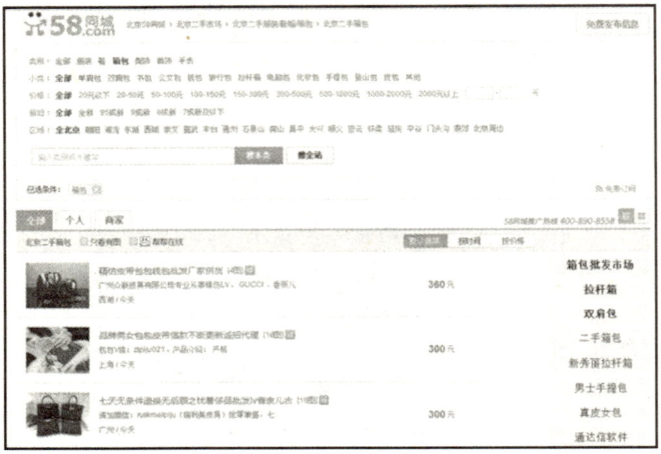

图 10-24　在 58 同城网推广商品

10.7　登录导航网站

现在国内有大量的网址导航类站点，如 http://www.hao123.com/、http://www.265.com/等。在这些网址导航类站点上做上链接，也能带来大量的流量，不过现在想登录上像 hao123 这种流量特别大的站点并不是件容易事。如图 10-25 所示即为将微店登录在网址之家 hao123 上。

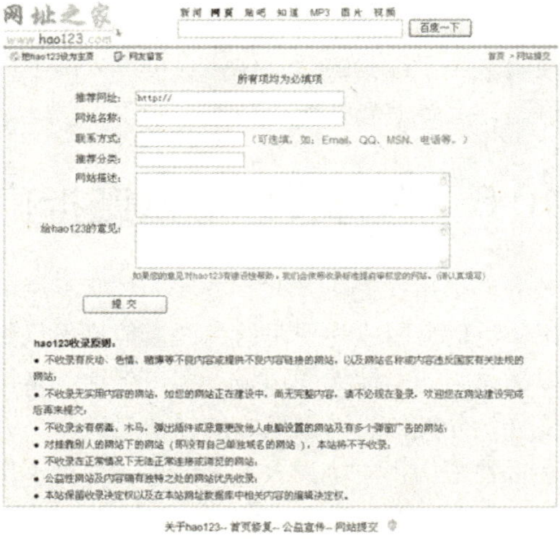

图 10-25　登录在网址之家

10.8　投放网络广告，带来可观的流量

网络广告是指运用专业的广告横幅、文本链接和多媒体的方法，在互联网刊登或发布广告，通过网络传递到互联网用户的一种高科技广告运作方式。在网络经济的今天，网络广告已经被更多企业或商家所重视。与一些发达国家相比，虽然国内网络广告业起步较晚，但网络广告业的发展速度、发展规模仍然是很快的。如今只要登录到各大网站，就会看到各式各样的网络广告。如图 10-26 所示即为微店在网上做的广告。

图 10-26　网络广告

网络广告采用文字介绍、声音、影像、图像、颜色、音乐等于一体的丰富表现手段，可以使顾客能全方位亲身“体验”产品、服务与品牌，还可以在网上进行商品的销售。

10.9　采用传统方式推广

还可以利用传统的媒介推广自己的微店，下面就讲述几种常见的方法。

1．印刷并散发广告传单

社会上流行派发的传单一般成本极低。现在许多企业采用的加胶印制比较精美的彩色传单也才 0.2 元左右一张。派发传单的工钱也不过一人一天 30 元左右。

一份宣传单送到消费者手上的时候，要想用突出醒目的标题可以吸引他，让他不至于将广告单给扔掉而是饶有兴趣地阅读详细的内容文字，那么广告上的内容文字就必须要做到让看到

的消费者产生到店里消费的欲望。详细地说明你的产品或者服务，并且用煽情的语言让消费者有强烈的到你店里或公司来探索的欲望。

这对于那些没有多少钱做广告的小商家来讲，传单广告是上上之选。许多成功人士在创业之初就靠传单掘得第一桶金，传单不仅成本低且覆盖面比较广。如在大的超市门口派发基本可以到达超市覆盖的区域。如果传单随报纸夹送，覆盖面更广。传单的针对性相对电视报纸广告的针对性要强一些，女性用品的传单可由发单人员只送到女性消费者手中。

传单广告的一个最大优点是派发简单易行。发单人员只要用手袋拎一袋传单就可以随时随地派发了。

2．向杂志等媒体投稿

向杂志等媒体投稿时你的文采不一定需要很好，只要通顺地说清楚一件事情就好。比如你可以写自己刚开始开微店不太懂网络知识，经过学习和实践，终于在网上成功开店的整个过程。在文章结尾顺便提一下自己微店的地址，或者干脆把自己的微店作为案例写在文章里，这样你不但可以得到稿费，还能让更多的人知道你的微店。

3．多参与活动，派发名片

现在有各种沙龙、俱乐部，如果你是卖化妆品的，选择参加一些白领的活动或女性沙龙等，这样你参加活动发出去的名片就更有针对性了。

也许你会说，既然大多是在网上宣传的，大家谁也见不到谁，做名片岂不是浪费成本吗？店虽然开在网上，但你是生活中的你，给买家邮寄商品也是在现实中进行的。设计一张独具个性的名片，印上自己的联系方式和小店的地址，在邮寄商品时不妨放几张进去。因为外观设计精美，买家自然舍不得丢弃，如有机会，对方一定会将它展示给别人，这样等于是在帮你做宣传了。

博文电商旗下作家智库

电商图书旗舰品牌 · **提升作家品牌　服务广大电商**

《网店美工》

书号：978-7-121-14182-9

《网店美工实操》

书号：978-7-121-19050-6

史上最权威
淘宝开店教程

叶生辉（淘宝ID：泉州设计网）

网店装修领域资深导师

网名"六小灵童"，皇冠卖家，淘宝大学红带讲师，淘宝大学企业导师，专注图片处理、店铺装修与视觉营销，淘宝大学《网店美工》《网店美工实操》教材的主编。2012 年，获得淘宝大学讲师最高荣誉奖项——春蚕丝雨奖。

为了让学员学有所用，曾任多家广告公司、网络公司的设计师/设计总监。

为了让学员学有所成，坚持从事设计教学 14 年，擅长指导美工快速成长。

曾经授课的城市有：杭州、广州、武汉、北京、深圳、江苏、义乌、永康、温州、台州、丽水、合肥、成都、泉州、石狮、晋江、福州、厦门等城市。

博文电商

拥有百万电商读者

新浪微博 weibo.com @网商武器库

微信公众账号 网商武器库

中国工信出版集团　電子工業出版社 PUBLISHING HOUSE OF ELECTRONICS INDUSTRY http://www.phei.com.cn